一生忘れない読書

100分で3回読んで、血肉にする超読書法

ジョン・キム
John Kim

PHP研究所

はじめに

本は、ただ知識を得るためのものではない

目の前に差し出された1冊は、まさにボロボロという表現がぴったりだった。私の著書『媚びない人生』。講演が終わり、サインを求める行列の中の一人の男性が持っていた。

聞けば、何度も何度も読んだのだという。時間が惜しくて、風呂のバスタブに浸かりながらでも読んだとのことだ。表紙はこすれ、水を含んだ紙はボコボコになっていた。ページを開くと、そこには何重にも引かれた線が次々に見えた。手書きの書き込みも見えた。**私の本と格闘していた姿が、そこから見てとれた。**

著者の私にお見せするのは恥ずかしい、こんなにしてしまって申し訳ない、でもこの本にサインをもらいたかったのだ、と彼は言った。

私は感動していた。涙が出るほどにうれしかった。自分が懸命に綴った1冊の本を、これほどまでに真剣に読んでくれたことに、強く心を打たれた。この本を書いて本当に良かった、と心から思った。本を持ってきてくれた若い男性を、抱きしめてあげたかった。

本はきれいに読まなければいけない、と多くの日本の人が考えている。それが、著者に対する礼儀だと思っている。気持ちはとてもよくわかる。日本の人たちは、とても優しい人たちなのだ。だから、いつも相手を気遣ってくれる。本を汚してしまうことにすら、申し訳なさや罪悪感を持っているのだと思う。

私は昔からそうではなかった。図書館で借りた本は別だが、**徹底的に汚しながら読んだ。本をきれいに読むと、きれいに忘れてしまうと感じていた。**だから、線を引き、メモを書き、折り目を入れ、とにかく汚しながら読んだ。そうすることが、著者に対する礼儀だと思っていた。

なぜなら、**著者は読者の役に立ちたくて本を書いているのだ。**著者の考えを自分の中に入れ、著者と対話していくことこそ、著者が求めていることだと思っていた。著者は読者に最大限、本を活用してほしいと思っていると考えていたからだ。

私は著者を代表するような立場にはないが、著者として一番うれしかった瞬間を尋ねられたとき、必ずそのボロボロになった本の話をしている。そうすると、本を汚していいのか、本に書き込むなどしてもいいのか、という驚きの声が寄せられる。それがいいのだ、それがうれしいのだ、と私は答える。

むしろ、私の本にどんどん書き込みを入れてほしい、と私は言う。思ったこと、感じたことを書き込んで、それこそ**世界に1冊しかない共著を一緒に作るつもりで読んでほしい**と語る。

そして、ぜひその本を見せてほしいのだ。私の書いたものによって、読者はどう感じたのか、どんな新しいものが読者から生まれたのか、それを見ることができることは、著者にとっての最大の喜びなのである。私の書いたものに反応して、何かが書かれていくということそのものが、どれほど大きな喜びになるのか。それを知ってもらいたいと思っている。

本は私にとって、特別な存在であり続けてきた。私の人生と本を切り離すことはできない。本は私の人生を彩り、たくさんの思索のヒントを与えてくれた。

本は知識を得るためのものだと考えている人も多い。だが、私にとってはそれだけではない。本は何より思考力を鍛えてくれる。情報という素材だけを提供してくれるのではない。**優れた本は思考の連鎖展開を与えてくれる。**それは素材を料理するレシピを生む。

ただ単に知識という素材を手に入れても、料理は生まれない。料理は自らレシピを手に入れて、作り上げていくしかないのだ。レシピを手に入れられる。そういう読書こそ、しなければいけないと私は考えている。

普遍的な真実は、本には書かれていない

私は韓国に生まれ、19歳のとき、国費留学生として日本の大学に留学した。韓国で日本語を勉強してきたとはいえ、私は日本で一度も生活したことがなかった。だが、そこから膨大な量の科学技術についての日本語の本や記事、レポートに触れ、私は最先端分野を専攻する日本の学者になった。

アメリカ留学時代には、とても1日では読み込むことができないほどの量の課題に追われ、今度は英語で膨大な量の本や資料、レポートと格闘することになった。

その後、日本に戻って慶應義塾大学で教えるようになったが、そのときはゼミの学生に読書法をはじめとした私のやり方を指導し、学生たちから支持を得た。教え子たちは就職にも大いなる力を発揮した。

日本に生まれたわけではないのに、どうしてこれほどまでに日本語を駆使できるのか。日本に詳しいのか。日本について語れるのか。科学技術を過去に学んだわけでもないのに、なぜ最先端領域を専攻できたのか。

よく驚かれたが、**私を形作ったもののひとつが、読書であることは間違いない**。では、私の読書法とはどのようなものなのか。それを知りたいという声をいただいて、生まれたのが本書である。私は本をたくさん読み、確実に身になる読書法を自分なりに追求してきた。それを端的に言葉にすると、こういう表現になる。

「100分で3回読む」読書。本書では、その技術を紹介していく。

本書は、ぜひこんな人に読んでもらえたらと思っている。

本を読む時間のない人

何を読めば良いかわからない人
本を読んでも書かれた内容をすぐに忘れてしまう人
本を読んでも仕事や生活には役に立てられていない人

そして本書は、こんな読書をすることを提案する。

戦略的な読書（自分に必要な本を選ぶ）
効率的な読書（速く複数回読むことで時間を節約する）
効果的な読書（要点を把握すると同時に記憶できるようにする）
主体的な読書（自分の解釈を大事にし、自分の言葉に直していく）
実践的な読書（読んで満足するのではなく、実生活に活かしていく）

また、本書がフォーカスするのは、「ビジネス書」「実用書」「教養書」が中心である。
したがって、ご紹介するのは**情報・思考力獲得や仕事の生産性向上につなげる読書法**である。

文芸書の場合は、著者の導きに忠実に従ったほうがいいと私は考えている。しかし、特にビジネス書の場合は、著者の導きはある程度、無視していい。そのためにも、自分の目的に合わせた、主体的で戦略的な読み方が必要になるのである。

読書の目的は、「視点の転換」にこそある。そもそも普遍的な真実は本には書かれていない。現実は二次元の絵画ではなく、三次元の彫刻なのである。見る人によって、見る角度によって、見え方が異なってくる。ある人にとっての真実も、他の人にとっては真実ではない。人生は数学や物理ではない。いろんな正解があっていいのだ。

だからこそ、**大事になるのは「自分の視点」を持つことである**。その視点を磨くことが重要になる。

そして読書をすることで「自分の視点転換」が生まれる。読む前と読んだ後に、世界を眺める視点をシフトできれば、その読書は成功したことになる。だから、必ず**自分の視点で本を含む世界を眺めるようにする**。ここが、スタートラインである。

読書を仕事や人生に活かしたい人に、本書が少しでもお役に立てればと考えている。

ジョン・キム

一生忘れない読書　目次

第1章 読書で最大効果を得るための「100分で3回読む」戦略的読書術

第2章 「読書をしない人には未来はない」と改めて気づいた日本での経験

第3章
「捨てながら読む勇気」で、人生で最も大切な「時間」を無駄にしない

第4章
「すぐ必要な本」と「すぐ必要でない本」、両方を書店で買う

第5章 「野性的」に読む。本と向き合い徹底的に「汚す」ことを意識する

編集協力――上阪 徹
プロデュース――越智秀樹（OCHI企画）
装丁――一瀬錠二（Art of NOISE）

第1章

読書で最大効果を得るための「100分で3回読む」戦略的読書術

読書量こそが人生を大きく左右する

人間の寿命には限界がある。人間は、過去に生きた人と会話することはできない。しかし、それが可能な方法がある。本だ。

本という媒体がなぜ存在するのか。さまざまな理由があるが、**私は時間軸を超え、空間軸を超え、教え合い、学び合い、励まし合えることこそ、本の最大の価値であり、素晴らしさだと考えている。**

印刷技術が発明される以前、情報は権威が独占していた。例えば、教会。聖書は、聖職者でなければ読むことができなかった。権威と庶民は完全に分断されていた。

しかし、啓蒙主義が登場し、フランス革命が起こる。啓蒙主義は、英語でエンライトメントと書くが、これは社会の中の闇の中で苦しんでいる人たちに光を照らす、という意味である。

その啓蒙主義の中核にあったのが、百科全書派だった。ヴォルテールやルソー、ディドロ。こうした人たちが何をしたのかというと、世の中の情報、知識をすべて整理して百科事典を作ったのである。

大衆が権威主義に押されることなく、自由な精神というものを取り戻すことができるようにするために作られたのが、実は百科事典だったのだ。

グーテンベルクの印刷技術も、フランス革命の啓蒙主義、百科全書派も、すべては知の民主主義の実現に帰結する。**本というのは、すべての人が、すべての著者から学べる。しかも、時代も空間も超えて学べる。**これは、革命的なことだったのである。

人間は知を手に入れてから初めて自分の自由、人権を手に入れることができた。権威から解放され、精神が解放された。本というのは、それほどのパワーを持つメディアなのだ。そんな本を読まないのは、あまりにももったいない。

実際、筋肉トレーニングが身体を丈夫にしてくれるように、**読書は精神の筋肉を鍛えてくれる**と私は考えている。私にとって本を読むというのは、海に飛び込むときの、あるいは山に登るときの基礎体力をつける感覚である。

他者があるテーマについて、どんな知の鍛錬をしたのか、どんな思考の訓練をしたのか、本を読むと垣間見ることができる。それを半ば観察するような感覚で読む。そうすることで、著者の思考をコピーする感覚を得られる。

脳内では細胞同士がリンクしていて、ニューロン（神経細胞）間で情報が行き来しながら、無数のニューロンがつながっている。本は、著者が考え続け、そのニューロンをつなげてきた結果である。だから、あるテーマについての本を数冊読むと、著者たちの思考パターンが認識できるようになる。

そして、その思考パターンを組み替えることが、新たな創造につながる。だから、**読書では思考パターンが認識できるような読み方をしなければいけない。**読書はただ単に読むこと、知を手に入れることだけを意味するのではないのだ。

加えて私は多読を勧める。**どれだけたくさんの本を読めたか、それこそが人生を大きく左右する**と思っているからだ。メジャーリーグで活躍したイチロー選手が、他の誰よりも毎日、素振りをしていたのと同じである。だから彼は、同じホームランでも同じヒットでも、その違いを見分けることができた。

どれだけ多くの思考パターンを手に入れたかで、創造力は変わる。修行をすることで、複雑な現象はよりシンプルなものになっていく。そのためには、通らなければならない道がある。だからといって、怖がる必要はない。多読はできる。その方法がある。

どんな人間と付き合ってきたか、でその人となりがわかる、という外国の言葉がある。友達は自分の鏡である、と。だが、これは本も同じだ。**どんな本を読んできたか、でその人となりはわかってしまう。**

誰と対話してきたか。誰から学んだか。実際、教える人が違えば、生徒は変わる。コーチが違えば、チームは変わる。

ただ、現実世界では、先生やコーチを選ぶことは簡単なことではない。相手から見向きもしてもらえないかもしれない。しかし、本の世界では誰でも選び放題なのだ。むしろ、私を読んでほしい、私を使ってほしい、と相手が待っているのである。

読書には、「散策」と「登山」がある

人生に大きな価値をもたらす読書。しかし、読書をする、多読をする上で、知っておくべきことがある。それは、読書には2種類あるということである。

例えば、文芸書。実は私はほとんど小説などの文芸作品、とりわけ現代のものに関しては読むことがないのだが、多くの人が文芸書を読むのは、楽しむためだったり、

リラックスするためだったりする。

何か特定の目的があるわけではなく、その作品の中に没入し、その作品を味わうことによって癒やしが得られることもある。そのために読むのだと思う。これは、歩きに例えれば「散策」に近い感覚のものだと私は考えている。

一方で、実用書、ビジネス書や教養書、ノンフィクションなどの場合は、そうではない。「登山」に似ているのだ。登りたい山があり、登り方がある。したがって、登り方を間違えたり、自分の基礎体力がなければ、そもそも頂上に到達することはできない。

散策の読書と、登山の読書は違うのだ。 散策の読書は、導かれるように読めばいい。スピードを速くする必要もない。歩きながらいい表現を見つけたら、そこに留まって浸ってもいい。

時間制限も特にあるわけではない。時間があるとき、暇なときにやればいい。必ずしも読まなければいけないわけでもないし、そのための特別な訓練が必要なわけでもない。緊張感を持つ必要もない。

実際、小説を読むときには、多くの人が散策的な気持ちでいるはずである。もちろん例外がないわけではない。文芸作品の中には、実用書以上に実用書的なものもある。物語風に書かれているようで、自己啓発的にも読めるもの。

例えば、『星の王子さま』は、その典型例だろう。自己啓発的に読もうとすれば、どんどん引っかかっていく。そこにいろんな意味が秘められているように読むこともできる。ただ、こういうケースは例外だ。多くの場合、文芸書、物語は楽しみのために読む。

しかし、**ビジネス書や教養書、ノンフィクションの場合は、買った理由があるはずなのだ。また、何かに使おうという目標・目的があるはずなのである。**これこそが、登山と言える理由だ。

そして登山なら、**その目標・目的を果たすための方法論を理解しておかないといけない。**これこそが、本書で示していきたいポイントである。確実に頂上に到達するために、頭に入れておかなければいけないことがあるのである。

例えば、歴史書や科学書など、読んでおくべき教養書は数多い。だが、まともに読み始めてしまうと、何週間もかかってしまうようなことになりかねない。しかも、読み終わった後、その成果がほとんど残っていない、などということが起こり得る。

これは、教養書を「散策的」に読んでしまったからである。散策のつもりで山に入れば、頂上まで行くのは大変だ。それこそ途中で迷ってしまうかもしれないし、体力が続かなくなってしまうかもしれない。本には読み方があるのである。

古典も同様だ。**今、何が起きているのかを知る上で、今、生きている人たちの本を読むことも価値のあることだ。しかし、その一方でもう会うことのできない人たちの本を読むことも大きな価値のあることだ**ということを、多くの人に知ってもらえたらと思う。

歴史の持つ意味は、深い。それを改めて教えてくれるのが、私が大好きなイタリアという国である。例えば、フランスも素晴らしい国だ。しかしナポレオンが覇権を握り、支配してから200年ほどが、その主たる舞台である。

イタリアは違う。ローマの歴史は2000年あるのだ。しかも、カトリックが人間の魂まで入り込んでいた。絶対権力が2000年続き、世界中から集められてきた素晴らしい遺産が残っている。まさに宝石箱である。

そして本は、この2000年の歴史を遡《さかのぼ》ることができるのだ。その中で生き残ったもの、**これまでの人類のいろんな世代の厳しい検証をくぐり抜けた本だけが、今、古**

典としてここに残っている。

そういう本を読むと、人類の魂の最も美しく、最も素晴らしいものを手に入れることができる。これが、どのくらい贅沢なことなのか、といつも思う。**本というメディアは、世代を超え、人間の限界を超えて、人間同士が学び合える。**ここに大きな価値があるのだ。

ただし、古典が読みづらいという声も聞こえてくる。そこにも方法がある。

著者と「共同作品」を作るつもりで読む

登山としての読書をいかに戦略的なものにし、多読を実現させていくか。その方法論について次項で詳しく書くが、その前にひとつ認識しておくべきことがある。

たしかに読書は著者から多くを学べる素晴らしいメディアではあるが、知を手に入れなければいけないからこそ、やってはいけないことがあると私は感じている。それは、ただ学ぼうとしてしまうことである。ただ受け身的に、知を得ようとしてしまうことだ。

もとより読書が何をもたらしてくれるのかといえば、先にも少し触れたように「視点転換」だと私は考えている。となれば、先に自分の視点が出発点になっていないといけない。そうでなければ、視点の転換が起こらない。

読書に限らず、テレビや新聞、ネットなどのメディアに接するときすべてにおいてそうであり、どんな目上の人、偉大な人と話をするときにおいても、意識しなければいけないことがあると私は考えている。それは、**自分を「脇役にさせない」こと**である。自分への絶対的な信頼を持って臨むことである。

そうすると、本を読みながら、自分の頭の中では常に二つ同時に思考が進行することになる。**「この著者はこう言っているが、私はどう思うか」を考える**のだ。並行に対話をする感覚で読むのである。

そうしないと、著者の視点が、ただ一方的に入ってきてしまう。単に、脳の中にある情報が上書きされるだけになってしまう。これでは記憶にも残らないし、誰かに語ろうにも単なる受け売りにしかならない。

そうならないためには、**自分が何を受け取って何を捨てるかという取捨選択と、対話を通じて新しいものを生み出すような感覚が必要になる。**それこそ、**「共同作品」**

を作るような感覚だ。

これができなければ、読む本によって自分がどんどん変えられてしまう。自分が望む方向に自分の視点を変えるために本を使いこなすという感覚ではなく、本に変えられてしまうことになる。それでは本末転倒である。

自分を作るために本を読むのであって、本に惑わされ、揺さぶられるために読むわけではない。**本は、自分の人生に役に立たせるための脇役**なのである。著者は、その家庭教師なのである。むしろ、鵜呑みにしない感覚こそが大切になるのだ。

特に日本で気になるのは、「答え」を求める人が少なくないことである。その背景には、明確な答えが決まっている受験システムに組み込まれていることが挙げられる。答えにたどり着いた人は〇で点数を得られ、たどり着けない人は×で点数が得られない。結果として、答えというものは必ずあるのだということが、無意識的に刷り込まれている。

だが、例えばアメリカにはこういう教育はない。そもそも普遍的な真実などというものはないのである。先にも触れたように、社会の中の現実は、見る人、見る角度によって、見え方は異なる。ある人にとっての真実も、ある人には真実ではない。人生は数学や物理ではない。いろんな正解があるのだ。

しかし、日本で教育を受けるとこれが揺らぐ。社会の既得権者が決めた正解以外は容易に容認されない。それは、社会的な秩序を守るために、個人の自由を制限しているようにも見える。大きなシステムにとっては、それはとても都合がいい。

ただ、個人の感覚からすれば、生まれたときからずっと正解がある状態で、正解を当てるための勉強をしていると、正解を自ら創り出したり、自分が選択したものを後から自分が努力して証明をするということが、なかなかできなくなっていく。

自分の意見を言うことをためらうことも、これが遠因である。

しかし、大学を卒業して社会生活に入り、人生を自ら送らなければならなくなると、実は正解はないことに気づかされる。正解があるように見えて、実は違う、ということが繰り返されたりする。

やがて、正解探しをしてきたことで、思考能力、決断能力、行動力が削がれ、自分で正解を創り出す能力がなくなってしまっていることに気づく。しかし、このことに気づけることは貴重である。

実際、人生においては、幸せも不幸せも材料は同じだったりする。病気にかかったことが不幸だったのか、幸せだったのかは、その人自身の捉え方によるところが大きい。問題にするのは、実は自分自身なのである。自分が問題にしなければ、それは問題にならない。つまり、解釈が幸せにおいては大きな部分を左右するのだ。最終的には、自分が答えを作っているのである。

だから**本を読むときも、著者が書いたものが正解だと思って読んではいけない。**書く人には書く人の自由があるが、読む人には読む人の自由がある。そのコラボレーションによって、独自の答えを作る意識を持つことだ。

それが別の作品を生む。**物理的には１冊の本だが、読み手の意識次第で別の共著が生まれる。**そんな感覚で本を読んでいくことである。

「１００分で３回読む」戦略的読書術

「登山」における私の読書術は、極めてシンプルである。**短時間に３回読み、本に直接メモを書き込んでいく、**というものだ。私は今では60分で１冊を原則にしているが、いきなりこの時間では難しいと思うので、まずは１００分で３回、を目指してもらえたらと考えている。

3回読むにあたっては、時間を定める。一般的な200ページ程度のビジネス書や実用書であれば、**トータル100分なら、「1回目」を10分、「2回目」を50分、「3回目」を40分**にする。

100分で1冊、しかも3回も読むなんて、と思われる方も多いかもしれないが、それは読書に対して「散策」のイメージが強いからである。しかし、ビジネス書や実用書であれば、「登山」の読み方をしなければいけない。

その**ポイントは何かといえば、本質を確実につかむ、ということだ**。本に書いてあることすべてを記憶できるわけではない。**つかまなければいけないのは、いくつかしかない本質の部分である。それを確実に捉えるのだ**。

そして、それには反復が力を発揮する。反復が記憶を呼び起こす。私は、反復は集中を超えると考えている。集中力を過大評価してはいけない。慣れないものに集中力を発揮しても効果的ではない。だから、まずは反復を通じてその本と仲良くなり、馴染んでから集中するのだ。そのほうが、はるかに有効である。

実際、1回目よりは2回目のほうが、2回目よりは3回目のほうが、確実に理解は深まり、記憶できる。ただ、私の経験則としては、３回目と４回目ではさほど差がない。だが、１回目よりは２回目のほうが、２回目よりは３回目のほうがはるかに理解が深まる。人と会うときも、だいたい３回会えば、その人の人となりがわかるものではないだろうか。

それこそ３回読んで覚えられなければ、５回読んでも覚えられないし、理解できないと考える。だが、ただ３回読むのではない。それぞれの回で時間も異なるが、読み方も異なるのだ。詳しくは第３章、第４章、第５章の冒頭で語るが、ざっと解説しておく。

「1回目」は10分。これは、概観的読書と発見的読書、と私は呼んでいる。１回目で重要なことは、本の構造を把握することである。とりわけ「登山」の本は、著者はたいてい構造的に書いている。そのほうが理解がしやすいからである。まずは、その骨格を理解するのである。

大まかな構造で、どこで何を言おうとしているのかを理解して読むのと、どういう構造の本になっているのかがまるでわからず著者に引っ張られていくのとでは、理解度がまるで異なってくることはご想像いただけると思う。

そして「散策」の本と異なるところは、「登山」の本には目次がついていることだ。著者はどこに力を配分しているのか、まずは目次を見て、それから本文を軽く10分ほどかけてパラパラと読んでいく。そうして全体を把握していく。読むというよりも、スキーミング読みだ。どこを読むべきか、を決める読書と言ってもいい。

「2回目」は、スキーミング読みでポイントを理解した上で、マーカーを片手に読み進めていく。詳細を含む理解のための読書である。「1回目」でここぞ、と狙ったところだけを読む。なぜなら、時間が50分しかないからである。

すべてを「散策」的に読むことはできない。しかし、だからこそ強烈な集中力が発揮される。気になる箇所には、黄色いマーカーで線を引く。

「3回目」は、1回目でつかんだ構造、2回目で読んで線や黄色いマーカーを引いた箇所を意識して、今度は赤(ピンク)のマーカーを引き、必要に応じてメモも書き込みながら読み進めていく。

3回構造を把握したら、本の全体は頭の中に刻まれる。そうすると、理解度はまるで異なる。これぞ反復の効果である。

気になるフレーズは本にそのまま「写経」したり、別のカードやノートに書き写すのもいい。**著者が書いていることに対して、自分の感想、意見も書く。これこそが「共著」の意味**である。言い換えの言葉、著者への質問などもよい。

こうして「100分で3回読み」をすれば、見えてくることがある。時間をかけるよりも、短時間のほうがポイントがはっきりしてくるということだ。そして、線を引き、メモを書くというアウトプットのプロセスを経ることで、その理解と記憶がより強いものになっていく。

「100分で3回読む」読書をやろう、と自分で意識しなければ、こうはならない。「登山」の本を読むときには、こうした戦略的な意識が求められる。

そして、まさにこれこそ、「なかなか本が読み進められない」「たくさん本を読みたいが読めない」「せっかく読んだのに、あまり覚えていないし役に立たない」という人にとって有効な方法なのである。

読み飛ばすことへの罪悪感を捨てる

本を読み進めたのだが、後からポイントをメモしようと思っても、思い出せなかった……。そんな経験を持つ人も少なくないかもしれない。ところが、これは実際に学生などに教えているときにそうだったのだが、**最初から三つの重要なポイントがあると伝えておけば、きちんと三つのポイントでまとめられるのだ。**

重要なことを書け、とぼんやり言われたら、困ってしまう人も、3点でまとめる、となれば、それをゴールに読める。思考が3点に向かう。最初から「こうする」と意識することは、成果に大きな違いをもたらすのだ。

これは後に書くが、もし読まなければいけないものが英語の論文であれば、私は1日1000ページでも読めてしまう。英語は構造が極めてシンプルで、結論が明確で、概要が把握しやすいからである。

しかし、日本語の論文はそうはいかない。300ページ読むだけでも、大変な時間がかかる。それは、日本語の文章は構造的になっていないからである。だとすれば、戦略的に読まないといけない。そうでなければ、膨大な時間を要し、ポイントも埋もれていってしまう。

だが、逆に「ポイントをつかんで読む」という意識を持ち、それを訓練しておけばポイントがつかめるようになる。ポイントだけを読めばいいと気づけるようになっていく。

私が「１００分で３回読む」読書メソッドで何より伝えたいのは、このマインドセットだ。短時間で読める、ポイントさえつかめばいい、と決め込む。そうすることで、著者が伝えたかった本のポイントをしっかりと理解でき、３回読んで反復することで理解度も高められ、短時間で読めるから多読ができるようになるのである。

日本の人たちは、そもそも丁寧で真面目なのだ。飛ばしてしまうことをいけないことだと考えてしまう人が多い。ざっと見て最後のページを早々にめくってしまうことへの罪悪感を覚える人も少なくない。これがあるから、なかなかページを飛ばせない。

本といえば、１冊まるごとすべて読まなければいけない、と多くの人が考えている。しかし、本当にそうなのか。読んだところで、すべてを記憶できるはずがない、というのは、先にも書いた通りである。では、なぜすべて読むのか。

私は、すべて読まなければいけないと思い込んでいるからこそ、読まなければいけないポイントが見えてこなくなってしまうのが、ビジネス書など「登山」の本だと考えている。量に振り回されてしまうのだ。

肝心なところをきちんと把握するためにも、自分の中で大部分を捨てる気持ち、引

き算の気持ちで読まないといけない。そのためには、**本の8割は無駄なものが書いてあって、2割にこそ本質が書かれている、と頭の中を入れ替えなければならない。**

実際、ほとんどの本は著者によって10ページ程度にまとめられるものだ。しかし、それでは本にならない。だから、引き延ばされているのだ。それを丁寧に読む必要はないのである。

8割は読み飛ばすくらいの意識で本に向かう。そして3回読むことで、本当に大事なところが見え、理解され、記憶される。

そんなことができるのか、と思われるかもしれない。しかし、それをやらないと本はいつまで経っても読み進められない。読書量を増やすことができない。だから、できると認識することである。自分の脳はちゃんと見ていると信じてあげる。意識で理解するのではなく、無意識でも情報処理がされていると考える。直感を過小評価しない。

「1回目」では、理解度は低くても10分で読めるという感覚を手に入れることである。「100分で3回読む」ほうが、実はポイントがつかめていることに気づくことである。それができれば、読書は変わる。

ただ、この方法はすべての本にお勧めするものではない。文芸書のような「散策」的読書には向かない。そういうときは、じっくり読む読書に切り替えるといい。

そして「登山」の本でも、**すぐに役立つ本と、すぐには役に立たない本がある。前者はビジネス書、後者は教養書や古典。短期的には前者が役に立つが、長期的には後者は間違いなく自分の筋肉になる。**自分の心のコアを厚く、強くしてくれる。勇気のある人生を生きるときに惑わされずに済む。

その核を作るのが、教養書であり、古典である。なぜなら、そこには本質が書かれているからである。本質とは、時代や場所によって変わらないこと。普遍なる真実である。

普遍なる真実はないが、それに最も近いのが教養書であり、古典なのだ。それがあって初めて、今すぐ役立つものを読んで、それに対する自分の解釈ができる、とも言える。

そうでないと、ビジネス書を読むたびに惑わされ、こっちに行き、あっちに行き、右往左往するようなことになりかねない。テクニックやノウハウに踊らされる人材になってしまう。

だから、**この二つをバランス良く読むのがベストである。教養書や古典だけ読んで、今の時代のものを読まないのもそれは怠慢である。**時代遅れになる。このツインピークスがあって初めて人生の中で飛び立てる。そうすることで、現実に適応しつつも、未来に備えることができる。本当の自分の力を手に入れることができる。

実際、すぐに役に立たない本の中には、時間をかけて読んだほうがいい本もある。その場合は、じっくり読む読書に切り替える。自分で「これぞ」と思うものは、そうすればいいのである。必要なのは、本によって読み方を変えていくことだ。そうすることで、時間を手に入れることができるのである。

現象は複雑だが、本質はシンプルである

ビジネス書や実用書の場合には、とりわけ気を付けなければいけないことがある。そうした書籍の読書は、金脈を掘るのと同じだということである。本を手に取ったときには、すべてが「金」に見えるが、実はそうではないのだ。

金脈を見つけたとしても、そこから出てくる金はわずかである。ほとんどが、石や

土なのだ。これは、ビジネス書の読書も同じ。２５０ページの本でも、金になるものは、かなり限られる。

だから大事なことは、**ほとんどが石や土という中で、自分で金を見つけるくらいの感覚でビジネス書の読書はしなければならないのだということ。**金脈から金を取りに行く感覚で読まなければ、金は手に入らないのである。

常に自分で金を見つけようとする意識、石や土を取り払う意識を持つ。ここに気づくことができれば、ビジネス書を読んだときに思い切って飛ばすことができたり、思い切って書かれていることを捨てることができる。

金脈では、たとえそこに金が含まれているとわかっていても、ただ掘っているだけでは金は見つけられない。そこに金があることを確信し、自分で純金を見つけるのだという意識が必要になる。

そもそも本質というものは、常にシンプルなものだ。これは私が自分の中に常に持っている持論である。複雑に見えるものも、本質は極めてシンプルであることは多い。だから大事なのは、複雑な現象に惑わされずに、シンプルな本質にいかに行き着けるか、なのである。

例えば、**1冊の本を1行に凝縮できる人は、本質を見抜く能力がある。**だが、多くの人はこれができない。それは、複雑な現象に埋もれてしまうからである。現象に惑わされない人は、**常に本質を見ようとする。それはすなわち、複雑な現象をどんどん捨てていくということ**なのだ。金脈から金を見つけるとは、まさにこのことである。

「100分で3回読む」読書術を私がなぜ編み出したのかといえば、本質を見抜く意識を常に持っていたからである。そして、本質を見抜く力を自分の中で身につけていないと、本質は見えてこないと考えていたからだ。

ビジネス書の優しい編集者は、読者に本質に気づいてもらおうと太字にしたり、線を引いたりしてくれている。まずは、それを見ながら自分の中で訓練をするのも、ひとつの方法である。

金を意識し、本質を意識しながら本を読むとは、どういうことか。私がよくするたとえ話がある。フランスのパリに行き、ルーブル美術館に行く。この美術館には、約40万点の美術品がある。

だが、常に展示されているのは、3万5000点ほどに過ぎない。それでもすべてを見ようとすると何日もかかってしまう。パリで過ごせる時間が限られるとするなら、何を見るべきかを見極めるしかない。

モナ・リザを含め、何点か目星をつけ、加えてちょっとした偶然なるセレンディピティ、シンクロニシティも少し混ぜながら、美術館を巡るのがベストだろう。

本も同じである。目星がいるのだ。これが「1回目」の構造理解であり、スキーミングである。これをやらないと、現象で埋もれてしまうのだ。

著者が本を書くとき、そのすべてに素晴らしいことを書こうという人はいない。本当は、**伝えたいメッセージは一つか二つか三つ**だと私は思っている。逆に、伝えたいメッセージが一つか二つか三つでないという人は、本当に書きたいものがない人かもしれない、と私は感じている。

それこそ、本の中には著者が人生を賭《か》けて到達した1行があったりする。著者が伝えたいのは、実はその1行なのだ。

本質がわかる人は、そういうものを見抜こうとする。本質はシンプルであることを知っている。だから、それを見抜く術《すべ》を持とうとする。私の場合、それが速く読むことなのだ。**大切なものをちゃんと見つけるためにも、速く読む。速く読む力を身につける。**

大事なことは、本質を見抜こうという気持ちだ。現象の中から、輝いている本質を見つけようという強い意志である。

アメリカで学んだ人たちは、飛ばし読みをしている

本質がどこにあるのかを、探しながら読む。線的に読むのではなく、面的に俯瞰《ふかん》して構造を意識しながら読む。**ページをパッと開いたら、読むところはどこかを探す、くらいの意識で読む。全部を読まない。読まないこと、飛ばすことをデフォルトにする。**目に留まるものだけをポイントで押さえて、その前後だけ後で戻ればいいと考える。

私がこの読み方をそれまで以上に大胆に推し進めることになった源流は、アメリカ留学時代にある。出される課題には、膨大な量の論文を読む必要があった。まともに読んでいたら、絶対に期日に間に合わない。そんな分量なのである。

そこで気づいたのが、ポイントだけをつかんでいく、という読み方だった。論文は基本的な構造が決まっている。とてもポイントがつかみやすいのである。

大量の論文があって、読まないといけない。だからといって、記憶力や分析能力を落とすわけにはいかない。だから、自分の記憶力と分析力を犠牲にしない読み方を見つける必要があった。

限られた時間の中で、自分にできることは、複数回読むことだったのである。そして、何が書かれているか、だけでなく、それに対して自分がどう思うか、ということをそこで書き加えていくことだった。

理解するのに目一杯の時間をかけるのではなく、理解した上で、さらに自分の意見が言えるようにならないといけない。それが課題で求められていたのだ。

考えてみると、**自分が研究者として論文を書くときも、最も伝えたいことは10行ほどでまとめられる**のである。それを正しいプロセスを経て書いたということを、フォーマットに基づいて書くことになるのが、論文なのだ。

まずはアブストラクトという要約。実はこれを読めば、だいたいのことはわかる。ただ、それが正しいかどうか、きちんと研究したという証明をするために、その後の展開がある。

この構造は、ビジネス書に極めて似ている。先にも書いたように**8割は実は読まな**

くていいのである。著者の結論を検証するためには必要なものだが、そこにすべて追いついていく必要は実はない。**論文と同じくビジネス書も、結論は10行で書ける**ということに気づいたのである。

これは、書き手を非難しているわけではない。ビジネス書とは、そういうものだということである。人間が伝えられるメッセージは、実はそれほど多くはない。しかも、書籍の出版には、企画会議が開かれる。この本を出そう、ということになったとき、最も重要になるのは、書籍の企画書なのである。それが250ページであるはずがない。

だが、書籍は200ページ以上なければいけないのである。そういう宿命にあるのである。10行では、本にならないのである。

それなのに、読者がその事情にすべて付き合ってしまうと、膨大な時間をロスすることになってしまうのである。

海外の研究者の間では、ポイントをつかんで飛ばし読みしていく習慣は、当たり前になっている。それは、読まなければいけない量が、普通の人とはまったく違うからである。リーディングリストの量がとんでもないのである。

だから、アメリカなどで鍛えられている人は、この読み方を知っている。経営者などでも、こういう本の読み方をしている人は少なくないと思う。だから、大量の本を読むことができるのである。

しかし、日本では研究者でもアメリカのようなことにはならない。リーディングリストも極めて少ない。アメリカでは、授業ごとに１５０ページの論文を３冊読まなければならないなんてことがザラなのである。どうやって読むか、自分で考えるしかなかった。

それは、先にも少し触れた、日本語だから、という事情によるところもあると思う。英語のようには、読み進められないからである。そこで、訓練が必要になるのだ。**頭の中のイメージでは、白い１枚の紙に、２５０ページの１冊の本をまとめる感覚である。**読みながら、ここを残して、ここを残して、と進めていく。最終的には１行にまとめられるのだと信じて読む。

そもそも、著者が自分のメッセージを明確に効果的に伝えられているとは限らない、という思いも念頭に入れて読む。著者がうまく伝えられなくても、著者が伝え切れなかったもの、著者が曖昧《あいまい》に伝えたものを、自分がよりわかりやすく構造化するのだ、という気持ちで読む。

読む行為というものを超えることで、むしろその本をよりいい本にできる。私は、そう考えている。

数をこなすには、読み方を変えるしかない

アメリカ留学の前に、私は日本に留学していたが、実はこのときすでに今につながる読書をスタートさせていた。ここでも、そうせざるを得ない理由があった。

韓国生まれの私が日本に留学した理由は、当時の日本が韓国よりも20年、30年、経済的に進んでいたからである。日本に行って経済学を勉強すれば、韓国の未来のあるべき姿に先に行くことができると思った。明治維新の時代の、西洋文明に対する福澤諭吉のような感覚である。

したがって経済学を勉強するだけではなく、日本の社会経済、文化システム、政治を含めて学びたいと思った。だが、日本に留学し、わかったことがあった。マクロ経済学、ミクロ経済学、国際経済学の領域には、先人がたくさんいたことだ。

学者としては、上に先輩がたくさんいたのである。ここでゼロから始めて、行列に並んで順番を待つ、という生き方は、私の求めるものではなかった。

では、**ここで抜きん出るにはどうすればいいか。しかも、短期間で、である。私に浮かんだのは、「今の教授に教えられるテーマを探す」ことだった。**

実際、理論的には定着しているが、その理論を新しい分野に応用するとき、新しい分野に関する知識がなければいけない。ノーベル賞をもらえるほどの理論を理解している人も、実際の応用には、その領域の世界を知る必要があるのである。

もし、私が応用の世界の知識を持っていたら、理論を知っている先生も私に頼らなければいけなくなるかもしれない。私に教えてもらわないといけなくなるかもしれない。ここで求められるのは、新しい応用世界の圧倒的な情報量だった。

私が留学したのは、１９９３年。ちょうどその年、アメリカではクリントン大統領とゴア副大統領が組み、情報スーパーハイウェイ構想を発表していた。私は応用領域として、これに飛びついたのである。

折しも日本では、マルチメディアという言葉がブームになっていた。ＮＴＴからＩＳＤＮが出てきて、これからはマルチメディアの時代だと、さかんに報じられていた。

私は、この**マルチメディアの領域について、日本に出ている情報、それこそ新聞から雑誌から本から何から何まですべて読んでしまえば、教授にも教えられるレベルになれると気づいた**のである。

哲学が専攻であれば、白髪になるまで有名にはなれない。若い哲学者は少ない。なぜなら、答えは決まっていないからである。しかし数学は13歳でも世界一になれる。答えがあるからだ。

経済学をやるだけでは絶対に1位にはなれないけれど、最も新しいテーマであれば、経済学を30年やってきた人よりも詳しくなれる可能性があった。情報という食材がなければ、そもそも料理はできない。私は新しい食材を見つけたのである。

私はマルチメディアを専攻に決めて、情報通信技術、放送通信、コンテンツ、出版、広告など、一気に情報を収集した。それこそ量が勝負だった。新聞、雑誌、本と多読が自分の中でテーマになり、その術を身につける必要があった。

新聞記事、雑誌記事はアーカイブを追いかけ、過去の記事まで手に入れて読んだ。興味があると、読むのが自然に速くなることも知った。そもそも特定の分野を攻めると、読むスピードは当然、速くなる。

用語も最初はなじみのないものが、いろいろなものを読んでいるうちに、なじみが出てくる。このとき、飛ばして読んでいくことの意義も認識した。最初の1冊は読み飛ばしてもよくわからないが、2冊目、3冊目と読み進めていくうちに、わからなかったことがわかるようになっていった。これは、量を追いかけていったからこそ、わかったことだった。

なぜわからないか、いちいち探すと前には進めない。だから飛ばしてしまうことにしたのだが、それが後からわかってくることに気が付いたのである。そして、きっと後でわかる、と信じて読み進めていくことが大事なのだということも知った。

日本人は、わからないで飛ばすことに抵抗感が強い人が多い。すっきりしないことに忍耐力がない。それでも、**飛ばす勇気、捨てる勇気を持ち、飛ばし読みをしなければ見えてこないことがある**のである。

２週間かけて読んだ本が、２週間経つともう何ひとつ語れないことに気づいていく。それよりも、１００分かけて読んだ本が、一生忘れないように読んだほうがいい。特定の分野を攻める気持ちで読んでいて、そのことがわかったのである。

目的をはっきりさせてから読む

人間の脳の処理は、常に省エネをしている。脳科学でいうＲＡＳ（Reticular Activating System）である。歩いていて、見えるものすべてを脳が処理していたら、解像度が高過ぎてとても対応できなくなる。それこそ、すべてが目に入ってしまったら、脳の情報処理は大変なことになるのだ。

だから、脳は省エネをする。何も考えずに、ボーッと歩けてしまうのは本能である。あえて、見ないようにしているのだ。

しかし、そこで何か目的を持つと、路傍の野草に目が行ったりするようになる。ただボーッと歩いているだけでは、それは見えない。ところが、目的があれば、見え始めるのだ。

目的を持たずにいたら、本質は見えてこない。ただ時間だけが経過していくだけである。何かを見つけよう、となったときに、人間はそれを見つけ出そうとする。

「この本は自分の人生のためになる」「自分の目的を達成するために攻めの気持ちで

読むんだ」と意識すると、鷲《わし》の目になる。なんとなく飛行すると絶対に見えないものが見えるようになる。餌《えさ》を見つけなければ、家族が生きられないことに気づくと、地上の小さなウサギが見える。自分の中で目的を持ったとき、初めて見えてくるのが、人間の特質なのである。

アメリカの士官学校では、入学すると30キロの装備を持って歩かされる。指令は、ただ歩くだけ。何キロ歩けばいいのか、何日歩けばいいのか、わからない。そうすると、２、３日で人は歩けなくなる。

これは目的の重要性を学ぶための訓練だ。目的を理解し、目的地を理解し、そこまでどのくらいの距離があるのか、ということがわからなければ、人間は限りなくモチベーションが落ちていく。

我々が街を歩くとき、向かうときには限りなく長くかかったと思える道のりが、帰ってくるときにはそうでもない、というのも同じだ。目的地までの距離が自分でつかめないときには、精神的に厳しくなる。どこまで頑張ればいいのか、わからないとつらくなる。

しかし、一度、行ったことがある場所であれば、未踏でもないし、未知でもない。

だからこそ、複数回読むことの意味が出てくる。一度、最後まで行った感覚になると、この本はこのくらいだ、という感覚が自分でつかめる。そうすれば、配分がしやすくなる。

パラパラとめくっているだけでも、意識さえしておけば、どこかで大事なものがあると人間の脳は目星をつけてくれる。残された時間の中で、どう配分をしていけばいいのかも、自分の中で浮かんでくる。

「この3章が自分のためには大事だ」「この5章が自分に響く」などおおよそがつかめるようになる。それをつかむ前に、丁寧に読んでしまうと時間がかかる。

人生の時間は限られているのだ。鷲が飛べる距離も能力も限られている。最も魅力的な獲物が多くあるところにきちんと目星をつけて、後で戻ってくるぐらいの感覚で読む。

だから、本を読むときには目的をはっきり持っておかないといけない。目的なしで読んでいる本は、ボーッと歩いたり、ただ放浪して漂流するだけになりかねない。

目的は途中で変わってしまっても構わない。明確に目的を持って読むのだ。そうすれば、100分で読める。明確な目的を持たないと、100分で読んでも意味をなさない。

一度読んだ後、「何が書かれてあるか?」と聞かれて、答えられる人は多くない。構造が把握できていないとこうなる。しかし、「100分で3回読み」をすると、飛ばさなければいけなくなる。飛ばしながら記憶に残るように読むには、構造を把握しないといけない。そして、構造が把握できると語れるようになる。

そうでなければ、ディテールしか話せない。読書は、戦略的、主体的、効率的、効果的、実践的、創造的に読まないといけない。「良く読む」ことを意識しないといけない。それは、読んだことの効果を自分の中で高めることである。

読んで良かった、読んだ後の自分の視点が変わって人生が良くなった、とならないといけない。**読むことが重要なのではなく、自分の人生に役立つ、役に立たせる読み方をしなければいけない。**

自分にとっての「良い読書」とは何なのかを考えてほしいのだ。**時間的に節約ができ、効果を発揮しながら実践にも役に立ち、自分の思考力を磨け、創造的にもなれる。そんな読書がある**のである。

第2章

「読書をしない人には未来はない」と改めて気づいた日本での経験

すべての本はあなたへの手紙である

思考力、文章力、決断力、行動力を鍛えられる。読む力だけではなく、考える力、書く力も磨くことができる。私は、それが読書だと考えている。

読書の効用を拡大して考えていくと、読書の時間が社会人としての大きな成長をもたらす貴重な時間であることに気づける。

読書というものを、ただ本を読んで知識を得るもの、と限定的に考えると、それ以外の大切な効能に気づくことができなくなる。

実際、知識を得るだけなら他のメディアからでもできる。そう考えて読書をする時間が無駄だと考える人もいる。しかし、読書の本当の効能に気づければ、読書が最終的に自分の総合力を向上させる上で欠かせないものであることがわかる。

そして、**読書をうまく活かすことができれば、読書が社会人としてのパフォーマンスを上げていくために必要な力を身につける、最も確実で近道な方法であることにも気づける。**

読書の持つ効能を過小評価せず、それを活かしていくことだ。読書をする時間は、余暇の時間ではない。むしろ、本業だと考えるべきだ。そうすれば、読書の優先順位は上がり、読書に時間とエネルギーを注げるようになる。自分にとっての読書の精神的なスタンスが変わる。このことに気づけていないと、時間が余ったら読書をしよう、などということになる。

偉人たちの多くが読書家であることは、よく知られている。偉人たちを見て、彼らは本の読み方が違うのではないか、と感じている人は少なくない。

しかし、その前に彼らは読書が持っている本当の意味での効用を明確に認識していたのだ。だから、自分の中の読書の優先順位が違う。逆にいえば、その効用を認識すれば、自らの中で読書の優先順位はおのずと上がっていく。

そして偉人たちの読み方が違う点は、実践的であることだ。**自分を脇役にしないことで、ただの読み物にはならなくなる。**人生の糧《かて》になると考えれば、読書に対する緊張感と集中力はまったく違ってくる。

目の前にいる人が本を読んでいる人かどうかは、見る人が見ればわかる。本を読んでいない人は、表現も思考力もどうしても浅くなる。それだけで評価がされることはないかもしれないが、もったいないと私は感じる。

さらに、書かれた言葉を読むだけではなく、**著者と自分とを対話させている人は、本を自分の人生の味方にできている。**人生のための読書が本当にできるということを知っている。

何かを受動的にインプットするには、テレビやインターネットは長《た》けている。楽にインプットできるのだ。それに対し、本はそれなりに力がいる。エネルギーが消費される。そのぶん、自分の精神は鍛錬される。読書は、負荷がかかるのである。だが、エネルギーを使うからこそ、鍛えられるのだ。

そして対話的に読むことで、思考力は鍛えられる。いくら情報をたくさん持っていても、思考力がなければ、これからの世の中では使い物にならない。情報だけならAIが代替してくれるからである。

これからとりわけ必要になってくる思考力を身につけるには、読書に勝るものはない。**読書を大事にし、読書で育った人間は競争優位を発揮しやすくなる。思考力が自分の中で磨かれていく**からである。

私は学生時代、生活費の半分を本代に充てていた。本より投資価値が高いものはないと思っていたからである。例えば、月に5万円を本に使う。3カ月で15万円、90冊の本が買えて、読めるとする。これで、損した気分になるかどうか。高い投資だった、と思うかどうか。

自分が使ったお金が、どれくらいのリターンをくれるのかを考えると、本以上のリターンがあるものはないと思える。子どもが毎日、本ばかり読んでいたら、親はうれしいと思う。そしてそれは、とても素敵なことである。きっと、この子どもは成功すると思う。

私は、すべての本は、自分に対する手紙だと思っている。その手紙は、自分に読まれることをずっと待っている。どの手紙を読むかは、自分の自由である。これまでの歴史で、本を書いてきたすべての人が、自分に対して手紙を書いて待ってくれているのである。これは、どれだけ贅沢なことか、と思う。

読書が精神の筋肉を丈夫にする

私は父を1歳で亡くしている。父との交流の記憶はない。父と一緒に写った写真も

1枚もない。だが、父のことを少しだけ知っている。

父は小学校の先生だった。父の死後、残されたものは借金取りがすべて持っていってしまった。唯一、残されたのは、父が残した本だった。本だけは、家に残っていた。

いろいろな事情により、私は小学校5年から、その家に一人で暮らすことになった。家の中でやれることといえば、本を読むことくらいしかなかった。

父が残してくれた本を開くと、そこには父がいた。**本の中に引かれた線、本に書き込まれた父の言葉、そして文字。それは、父が私に残した唯一の遺産だった。**父とのつながりの唯一の細い糸だった。

私は毎日のように、父が残した本を読んだ。**父が書いたメモや線によって、私は父と対話することができた。**たった一人で暮らしていた私にとって本は、家族そのものだった。だから、私にとって本は、他の人とはまったく違う意味合いを持つものだった。

本は孤独な少年期を支えてくれた友達でもあった。そして、本に書かれている内容は、私の人生に直接、入ってきた。本を読んでいるというより、私自身と直接、対話しているような感覚だった。

私の本に対する思い、その重みは、すでに無意識の中に入り込んでいる。暇な時間に手を伸ばして読む、などというものではなく、特別な存在だった。

そんな中で、わかっていったことがあった。何もない状態の中で、人間が生き残るには、何が必要なのか、ということだ。いろいろなやり方があるのかもしれないが、私が強く思ったのは、頭脳を使うということだった。頭脳を使うしかないのだ、と。

自分の脳を鍛える。自己を鍛えて知識を手に入れ、生き抜くしかない。その唯一の手段が、知識、知性、智恵だと思った。それを最も安価に簡単に手に入れる方法は、本しかなかった。

本というものが私の未来に私を導いてくれる、ある意味ではメッセンジャーであり、媒体であり、道しるべだった。

父が残してくれていたのは、いろんな本だった。世界文学全集もあった。美術の本もたくさんあった。まだ小学生である。内容をすべて理解したというよりは、常に取り出してみたり、眺めてみたり、というところから私は本との接触をスタートさせた。それが、私と本との関わりだった。

それこそ、子どもの頃からお金をずっと触っていたら、おそらくお金に対する親近感はとても強くなるだろう。同じように、自分のすぐそばに本があって、いつでも取り出せる、しかも父に会えるということになれば、自然に本に手が伸び、親近感は高まっていった。

そのおかげで、本に対する土地勘がついたのだと思う。本を開いたとき、どこを読めばいいのかという、ひらめきはこの頃に身についたものかもしれない。**圧倒的な時間を使うと、人間は必ず得意になっていく。**私の場合は、それが読書だったのである。

難しい本ばかりだった。わかるところだけを理解すると同時に、私が強く感じたのは、私がまだそれを理解する頭になっていないということだった。思考力が足りていないという事実だ。

父は何か意味があって買っていたはずである。**今は読めないが、これが読めるようになったら、おそらく自分の思考などが成長した証なのだと捉えることもできた。**だから、読めないことや理解できないことに挫折感やストレスを感じたことはまったくなかった。これをいつか読めるようになりたいと思っていた。

ひたすら本を読んでいた。夜はなかなか眠れなかった。だが、会話ができる家族はいない。そんなとき、私は本を取り出して読んだ。それが、自動的にララバイになっていた。本や文字は、以来、必ず私のそばにある。どこに行っても、トイレに行っても文字を追いかけている自分がいる。

父は、本を通じて背中を見せたのだと思う。

大人になって外国に来たことによる気づき

なぜ私が日本に留学することになったのかについては、先に書いた通りである。私は、そのための準備を早くからしていた。日本語を学ぶことである。そして日本語ができるようになったとき、大きな気づきを得た。

韓国での日本語の勉強は、主に二つあった。一つは、朝日新聞の社説を毎朝早朝に学ぶ授業があったのである。高齢の先生だったが、毎日のように社説をコピーし、それをみんなに配った。

みんなでざっと読んで、テーマは何か、使われている漢字はどのようなものか、学んでいった。それ以外に、辞書をすべて覚えたり、漢字を覚えたりした。

もちろん簡単にできたわけではない。朝日新聞の社説は難しい。ひとつの社説があれば、知らない漢字が50個くらい出てくる。それを単語カードに記して、覚えていった。私にとって、わからない言葉が出てくることは、とてもうれしいことだった。

一方で、**知らない言葉でも、文脈があれば、なんとなく理解ができるということも知った。**だから、単語を覚えて日本語を学ぶというよりも、文章そのものを覚えていった、と言えるかもしれない。

振り返れば、幼稚園児が新聞を読むようなものである。だが、この勉強法はとても効果的だったと思う。私は勉強し始めると、圧倒的に集中してしまうタイプである。半年間、朝から晩までずっと勉強した。

日本のドラマも日本語の教科書だった。『101回目のプロポーズ』や『東京ラブストーリー』など、何度も観たドラマがある。

音楽も聞いた。火曜の夜11時にテレビで放映されていた『COUNT DOWN TV』という番組をカセットテープに録音して繰り返し聞いた。音楽のいいところは、言葉を覚えやすいことである。

歌詞だけを覚えることは至難の業だ。だが、音楽になると覚えられる。リズムがあるからである。リズムがないと人間は覚えられない。**外国語を習得するときには、音**

楽はとても有効である。自分が覚えようとしなくても覚えられる。

印象的なエピソードがある。棋士の羽生善治さんがおっしゃっていたのだが、プロやアマの棋士と対局をすると、終わった後に１００％再現ができるのだそうだ。

しかし、子どもたちと対局をすると、まったく再現ができない。それは、子どもたちにはパターンがないからである。これは音楽で語学を学ぶことに似ていると思った。音楽だったら覚えられるが、いきなり不規則に出てくるものは反復しづらいのである。

将棋の世界のプロたちは、音楽のようにパターンを覚えているのではないかと私は思った。だから、すべて再現ができるのである。だが、不規則に出てくるものは、覚えられないのだ。

日本語の勉強を始めて半年後、私は日本語能力試験の１級に合格した。韓国では日本に留学して語学学校に通う学生がほとんどだったが、私にはそんな経済的な余裕はなかった。しかも、時間もなかった。だから、半年で１級に合格する、と期日を定めた。

これも読書と同じかもしれない。なんとなく何年かかけて、というのではなく、半年で1級、と締め切りを決めたのである。だから、やるしかなかった。

その後、国費留学生として日本に来て日本語をマスターしていくことになるわけだが、なるほどと思うことがあった。

母国語は、自分の理性が完成する前に学んでしまうので、理性的にそれをコントロールすることはできない。だから、子どもの頃から身についてしまった言葉をついつい使ってしまったり、本当は違うことを言いたいのだけれど、癖もあって言えなくなってしまったりするようなところがある。

しかし、**外国語は高校や大学など、大人になってから学ぶ。ある程度、理性的なコントロールができるようになってから学ぶ言葉なのだ。だから、理性的に使いこなすことができる。**

知っている単語は少なくても、それをどう並べるか、ということに対しては完全に自分で意識して並べることができる。

その意味では、母国語よりもはるかに有利に使える言葉だと思った。自分で戦略的に使えるからだ。だから、私は日本で最高の日本語を学ぼうと考えた。そうすることで、余計な日本語を使わずに済むようになると思ったのである。

そして、母国語以上に、本の学びは大きいことに気が付くことになる。

私の日本語は、「岩波文庫」から学んだ

私の使う日本語の言葉や文章について、外国人なのにどうしてこんなに難しい言葉を使いこなせるのか、と問いかける人がいる。その理由は明快で、私はそういう言葉を意識的に学んだからである。

日本語を学び、日本にやってきてその学びを深めようとしたとき、私はいい日本語を選びたいと思った。これもまた、大人になって外国語を学ぶことの利点である。**学ぶ言葉を、自分で選ぶことができる**のである。

本は著者が考え続けた思考がアウトプットされたものである。先にも触れたが、脳の中で無数のニューロンがつながって、その思考は成り立っている。本を読むというのは、そのつながりをコピーするようなものなのだ。

だから、**いい日本語で書かれたものを読むことは、優れた思考のパターンを手に入れることになる。**その思考パターンを組み替えることで、新しいものが生まれる。

私はいい日本語、しかも古い日本語を学び、それを新しい並べ方にする美しさに気が付いた。本質的であり、深いと思える日本語については、常に真似をすることをずっとやってきたのである。

私が幸運だったのは、日本に来てから早々に素晴らしいお手本に出会えたことである。それが、岩波文庫だった。

岩波文庫には、「読書子に寄す　岩波文庫発刊に際して」と題して巻末に、「なぜ1927年に岩波文庫を作ったのか」が書かれている。私はそれを読んで感銘を受けた。それまでは、文庫は安くて軽くて文字の小さな本、という印象でしかなかった。しかし、岩波文庫には当時の教養・啓蒙主義のもと、知識を一般民衆に普及させるために刊行したということが書かれていたのだ。

当時すでに啓蒙主義については知っていた。岩波文庫は先にも触れた百科全書派と同じだと思った。**民衆に対して、知の民主主義化を進めて、自分の自由を自分で手に入れられるようにする。権力も監視ができる。それを実現させようとしたのだ。**

権力というのは、情報の非対称性から出てくるのである。印刷技術が発展するまでは、教会の牧師しかバイブルを読むことはできなかった。嘘をついても何をしても、一番の権力を持っていた。印刷技術が発達して、みんなが読めるようになって、それが変わった。

情報と知というものは、人間が自由を手に入れられる、民主主義において欠かせないものだということは自分の中で理解していたところがあった。そして日本で岩波文庫に出会い、巻末を読んでみたら、このことがずばり書かれていたのである。

では、なぜ岩波文庫を手に取ったのかというと、日本に来たとき、いろんな出版社の評判を聞いて回ったからである。岩波書店は別格だ、と多くの人が語っていた。それこそ著者になっていたような人たちも、岩波文庫で本を出すことは意味が違う、とも語っていた。

なるほど、岩波というのは、それくらい権威があるのだと思った。しかし、その権威の裏側に、強い思いがあったことに感激したのである。

そしてラインナップを見てみると、読みたかった古典はほとんどが岩波文庫にあった。ヨーロッパ含め、西洋の素晴らしい理論書、文学、哲学書を日本語で翻訳していた。しかも、日本でトップクラスの碩学《せきがく》たちが翻訳をして書いたものが岩波文庫だったのだ。

日本の古典なら岩波という、すでに確固たるブランドが定着していることも知った。本物と接したほうが絶対にいいと思った。

古今東西の最も偉大なる人たちの著作に接することができ、日本で日本語が最も上手な人たちが翻訳をして書いたものが岩波文庫だったのだ。美しい日本語も学べ、古典も学べて一石二鳥だと思った。

私は、岩波文庫に出てくる日本語を真似た。思考をコピーしようとした。そのパターンをどんどん自分の中にインプットしていった。そのパターンの組み合わせで、日本語を使うようになった。

それこそ、レゴブロックの数はとても少ないのと同じだ。当時私が知っていた単語数は3000程度である。しかし、それは組み合わせることができる。しかも、上手に組み立てる人たちから学んでいるので、3000もあれば、だいたい作れないものはないと知った。

3万語知っていても、組み立てる能力がなければ、使いこなすことはできない。ただ聞いて知っているというだけである。しかし、**1000語でも、3000語でも、高度に組み立て、料理する人たちからずっと毎日修行するように学ぶと能力はまった**

く違ってくる。しかも、そのほうが利点が多い。

言ってみれば、子どもの頃から自分の家で料理を見て学ぶのではなく、20歳になって三つ星シェフの料理を短期間で学んだようなものである。逆に、他の料理はできないが、これが私の日本語になったのである。

三島由紀夫ほど美しい日本語の使い手はいない

日本に留学してしばらくして、岩波文庫を片っ端から読み続ける日々が始まった。古典、哲学など、国内外の教養書を中心に読んだ。マルチメディアの研究者になるべく、怒濤の量で関連の雑誌や本を読み進めるようになるのは、翌年のことである。

文芸書、とりわけ小説はあまり読まないと先に書いたが、そんな中でも日本を代表する作家の本は読んでみたいと思った。そして、三島由紀夫に出会った。この人は、**思考と感覚を言葉にする能力が秀逸だと思った。一ミリの妥協も許さない。**

それは、子どもの頃からそうした訓練をたくさんし過ぎたからである、そのように彼自身が語っている。**訓練と試行錯誤によって、その力は磨かれたのだ。**おそらく現代でいえば、元メジャーリーガーのイチロー選手のようなものだろう。精度が他の人と違うのは、当然だったのかもしれない。

私が好んで読んだのは、小説ではない。エッセイである。最初に読んだのが、**『葉隠入門』**だった。これは本当に面白いと思った。

三島由紀夫は、韓国では右翼扱いをされていて、読んではいけない日本人作家の一人だった。しかし、彼の本をよくよく読んでみると、それこそ右翼を敵に回すようなことも言っているのである。

だんだんわかっていったのは、彼は体制の話をしているのではなく、精神の話をしているのだ、ということだった。そして、書いている言葉と自分の人生を切り離さないことだった。

どちらかというと、**生きている美学がそのまま言葉にされているイメージ。**とにかく美しいものが好きだが、それを感覚的に感性的に書くのではない。**彼自身、とても理性的な思考力を鍛えた人なので、感性的にも書けるが、理性的にも書けるのである。**それを融合させて書いていると感じた。

私は、大人になって日本語を学び、理性的に訓練されていたわけだが、構造的な素晴らしさだけではなく、**使っている言葉自体の香りにも驚かされてしまった。**美学に満ちたものだったからだ。

もちろん背景には、三島がどのように生涯を終えたかを知っている、ということも大きい。外国人にとって、彼の自決は大変なファンタジーとして捉えられることになる。なぜかといえば、海外には自決文化はないから。

しかも、東大法学部、大蔵省、有名作家という、これほどのキャリアの持ち主が、あんなにドラマチックに死んでいったのだ。

彼は計算通りの人生を生き、終わりも自分でデザインしたわけだが、外国人にはそれが強烈に映る。加えて私の場合は、右翼の人、読んではいけない人として教えられてきた。それこそ日本人の作家は、韓国でも人気があった村上春樹と吉本ばななくらいしか読んだことはなかったのである。

そんなときに、『葉隠入門』と出会った。そして、武士道がこの人のすべての根幹にあるのだということを知った。武士道とはつまり、体である。彼は精神を鍛えた人間として『葉隠』を読んだとき、大きな劣等感を感じたのだと思う。

最終的には、思考も、感覚も、体も鍛え、三位一体を完成させようとすることになる。とても小さな体の持ち主だが、とてもチャーミングな人でもあった。そこからつむぎ出されてくる言葉は、本当に美しいと思った。

そして、これほどまでに文字から熱量が溢れ出てくる文章を、初めて見た。三島は、生と死を語った。それは国籍を超えて理解できる話だった。そして、最後は自決をしているのだ。

日本では、体制側からするととてもやっかいな存在かもしれない。だから、メディアも必要以上には扱わない。それが、日本人の三島由紀夫評を難しくしている気がする。三島由紀夫は、海外で、より評価が高いのではないかと私は思う。

彼の著作は魂を込めて書いた生の軌跡だと感じた。決意に基づいて書かれている。それを彼が実践しているからこそ、大きな輝きが放たれる。

彼は理性の天井にぶつかった人だったと私は思っている。その意味で、私は彼のような人生に憧れたのかもしれない。

人生には理性では割り切れないものがある。それは精神や感情だが、それを彼は武士道に出会ってから見つけた。**生と死がまず大前提にあり、そこから精神が日本を作り上げてきたことを知った。**

ところが、理性という名の下で経済的に豊かになることだけに邁進し、日本の精神性は置いてけぼりになってしまった。ある意味では、戦勝国のアメリカの思う通りになってしまったことへの嘆きである。

マルチメディア研究という理性的な追求をする中で、こんなに格好良く生きた人がいたのか、しかもこれほど頭がいいのに、というのは、私の中で衝撃だったのである。

教養書・哲学書、古典は、人生の基軸を立てる

岩波文庫の本は難しい、と言う人もいる。私も、もちろんそう感じた。だから、その中でも**わかりやすいものを選んで読んだ。**

例えば、私はプラトンは読まない。読んでみると、やはり難しかったからだ。だが、セネカはそこまで難しくなかった。例えば、『**生の短さについて**』。

これは、彼がもともとそこまで難しく書いていないからである。哲学を書こうとしているわけではなく、人生哲学を書こうとしているからである。

スピノザの『エチカ』のような本も読まない。ヘーゲルも読まない。カントも読ま

ない。デカルトも読まない。それは最初から決めている。

岩波文庫ではあるけれど、**読んでいて時間がかかり過ぎるものには手を出さなかった。その頃から、コスパがよくなさそうなものはすべて最初から捨てていた。**しかし、そうでないものはたくさんあるのだ。読んでいて面白い本である。

例えば、ゲーテは読んだ。エッカーマンの『**ゲーテとの対話**』は極めて面白かった。ニーチェも読んだ。彼の本はとても読みやすかった。だから、内容が把握できた。多くの人がニーチェは難しいと思い込んでいるが、実はそんなことはない。超訳でなく、ニーチェ自身の言葉でも、とてもわかりやすい。ただし、狂気の言葉であることに注意が必要である。

ショーペンハウアーもむさぼり読んだ。読むのに時間はかかるが、1ページの凝縮度が凄まじいと感じた。とても理論的に、論理的に書いているのでついていくことができる。

哲学者で難解な書き方をする人の本や、古代ギリシャの人たちの話にもついていけなかった。翻訳の問題もあるかもしれないが、その時代のその人たちの価値観が違い過ぎる部分が大きい。

岩波であれば、セネカ、ニーチェ、ショーペンハウアー、ゲーテ。この４人が、私にとっての人生の師だと思っているところがある。

教養書や哲学書、古典というのは、人生の基軸を立ててくれるものだ。人生の基軸が立てられると、風が吹いても、揺れはするけれど、折れたりはしない。

その基軸がないと、枝だけきれい、葉っぱだけきれい、花だけきれいな木になりかねない。これでは、強い風が吹けば、倒れてしまう。人生は、倒れないようにするための根幹を作らなければいけない。

建物を造る際にも、基礎は重要だ。最も地味であり、格好いい役割ではないけれど、それがなければ家は建てられない。ここをしっかり造っておかないと、ちょっとした地震で倒れてしまうようなことになりかねない。どんなに美しい家でも、崩れてしまったら、何の意味もない。

もちろん**美しさも大事だが、基軸も大事、その両方が大事**なのだ。そして見えないところだからこそ、基軸を作ることに時間とエネルギー、お金を使うという発想がなかなか湧かなくなってしまう。

実際、その習慣があまりになさ過ぎたというところに、現代社会の大きな課題がある。きちんと原点に戻っていかないといけない。枝を作ることも大事だが、基軸を作ることも大事なのである。

基軸がないと、不安が生まれる。不満は過去と現在に対して生じる。未来に対して不満はない。なぜなら、訪れていないからだ。しかし、不安はある。未来に対する不安を多くの人が持っている。

今まで生きてきた中での満足不満足と、これから生きていく不安はまったくの別物なのである。それは、枝では解決ができない。基軸の問題なのだ。

不安の中で持たなければいけないのは、しっかりとした基軸であり、羅針盤なのである。そして、過去に嵐を経験してきた人たちの言葉からの学びなのである。

その意味で、本は生きるためにある。岩波文庫を読んでいて改めて思ったのは、**私は生きるために本を読んでいた、**ということである。勉強するために読んでいたのではない。教養書や哲学書、古典はすべて生きるためにあったのだ。

人生に活かせるのか、どうつながるのか、という声はよく聞く。しかし、私はそれをつなげて生きてきた。生きるために読んで、本当に力になったのである。

人間の核は、教養でできあがる

三島由紀夫はいろんな顔を持っている。文芸書のとき、エッセイのとき、武士道を語るとき、日本国を語るとき、それぞれ違う顔を見せる。

私は彼の小説も読むが、改めて思うのは、三島由紀夫が文脈を捉えることに秀でているということだ。**人間の深層心理の一番深いところを彼が理解できている**と思えるからである。

例えば、女性を口説くときに使う言葉がある。その言葉は女性の深層心理のどういうところに作用するかをわかっている。お金持ちの女性が男に引っかかるときには、こういうところを刺激すればいい、ということが主人公はわかっている。

あるときはボサボサ頭のスリッパで、あるときはタキシードで、このギャップで相手を翻弄する。そういうところに弱い人はいるのだ。その深層心理、さらには読み手の深層心理も読めてしまっているので、**どこでどういうふうにどんな言葉を使えば、読者の心に波を起こせるかを、彼はわかっている。**

作家というのは、読む人の心の中での変化をどう起こすか、が重要なのだと思う。感情を変化させ、感情を動かすというのは、感動をさせるということ。三島由紀夫は、感動を生み出す天才なのである。

そのためには、**相手の感情が動く、感動のスイッチを知っていないといけないのだが、彼にはそれがすべてわかっている。**

だから、文章だけではなく、演説をしても、人の心を動かすことができる。日本語だけではない。フランス語をしゃべっている映像がＹｏｕＴｕｂｅにあるが、素晴らしくカッコいいのである。

英語を使っているときも、アメリカ人が聞いてもちょっとハッとさせられるような英語をしゃべる。言葉の数は多くないが、常に本質をしゃべるので、斬り込まれてしまうのだ。そうすると、英語なのに、まるで日本語のような権威を感じることになる。

無駄な話は一切しない。**使う言葉の純度、濃度、熱量がとても高い。**だから、彼の書く文章は1ページでも心が熱くなる。そうそう簡単に読み切れるものではない。

これはショーペンハウアーと似ている。ショーペンハウアーと三島由紀夫の共通点は、同じく理性の天井を持ち、美しい言葉を使えること。だが、違いがある。ショーペンハウアーは年を取って死んだ。一方の三島は、最もエネルギーに満ちた若いときに自ら死を選んだ。生き方が違うから、文章の熱量が変わる。

ゲーテも三島のような生き方はできなかった。近いとすれば、ニーチェである。狂って死んでしまったからである。だから、ニーチェの言葉はちょっと違うのだ。セネカも自決している。その意味では、三島とセネカとニーチェは同列かもしれない。幸せに生きたゲーテやショーペンハウアーとは、ちょっと違う。

これは、あくまで私の印象である。読んだものや事実に基づいて、私が感じたことを書いている。こんなことを知っていて、どうなるのか、と思われるかもしれない。だが、私は人間の核は教養でできあがると思っている。お金を持っている、地位を持っているなど、社会的な差はいろいろあるが、**最終的な勝負は人間力であり、精神力なのである。**

精神の次元や視点の高さといったものは、人間の核を作っている。通じ合う人というのは、ここでこそ通じ合える。優れた人に出会ったときに、相手から自分が対話するに値する人間だと思われるかどうかは、ここで決まる。

最終的には、自分が使う言葉、書く言葉、さらにはたたずまいや立ち居振る舞いに表れてくる。そこで**必要になるのは、自分の精神的な教養の厚さ**なのである。それは、ごまかしようがないのだ。

実際、しかるべき立場にある人たちというのは、すべからく教養書や哲学書、古典を読まれている。読まなければいけないのだと思う。一人よがりでは、絶対に到達できない世界があるからだ。フランスの哲学者ベルナールはこんな言葉を残している。

「人間はみな巨人の肩の上に立つ小人である」

自分の背の高さで見える景色は限られる。しかし、人類が、先人たちが築いてきた知的遺産の上に立つことによって、景色が変わって見えてくる。**どのくらい、背を高くできるかは、どのくらい本を読んだか、ということに他ならない。**

何をするにも、最初から自己流ではうまくはいかない。過去に学び、真似をする。それらを学んだ上でさらに自分のオリジナルを考えることだ。個人にとってのオリジナルと、社会にとってのオリジナルはまったく違う。後者を生み出すには、過去に学ぶしかないのである。

オリジナルを生み出すためにこそ、オリジナルではないものを徹底的に学び、身につけなければならないのである。

知識と知性と智恵は違う

　だが、とりわけ教養書や哲学書、古典から学びを得るときには、気を付けなければいけないことがある。先に、思考力を高めるためには読書に勝るものはない、と書いた。これは、教養書や哲学書、古典にこそ言えることかもしれない。

　しかし、だからこそ注意が必要なのだ。それは、これまでにも書いてきた、**受け身の知識としてインプットしてしまうことである。それでは思考力は身につかない。**私が再三、読書は知識を得るためのものではないと書いてきたのは、そのためだ。

　これについては、ショーペンハウアーが指摘をしている。読書の危険性について、である。彼は、読書は他人の頭で考えることだ、としている。したがって、自分の思索には有害だ、というのが彼の結論なのだ。

　人間の脳には、読書頭脳と思索頭脳があって、この両者は異なるという。読書頭脳とは、外圧。思索頭脳とは、内省。読書は、他人の思考によって生まれたものを頭に入れることになる。他人の古着を着るようなものだというのだ。

思索とは、自分の思考。自分の新しい服を着ることである。したがって、読書は思索の代用品にはならない。不完全だ、というわけである。

地図は土地ではない、という言葉もあるが、それも同じである。旅の本を読むのと、実際旅するのとは違うということも同じだ。

ショーペンハウアーは、読書は銀箔であると言う。思索は純金だと言う。読書は入れ歯だ、とまで言っている。

ただ、思索をするには、知識という材料が必要な部分もあるから、読書というのは必ずしも悪いことではない。読書をして思索をした気になる、というのが最も危ないということなのである。

まず自分の頭で考えないで、人が頑張って考えたものを、自分が考えたかのように、最終的な頂上に達した気分になって満足しても仕方がない、とショーペンハウアーは言うのである。

もちろんショーペンハウアーは、読書そのものを否定しているわけではない。博学多識では不十分だ、という話をしているのだ。博学多識は、思索の材料になるという点で、役に立つ可能性がある。本を読むべきだ、とは言っているのだが、それが最優先になってはいけない、ということである。いくら物知りになっても意味はない。

読書で視界を拡大し、思索で思考を深化させる。この分業体制が一番いいということである。読書は、思索の脇役であるべきだということだ。思索の代わりになるべきではない。読むことと考えることは異なる。意志と行動が異なるのと同じなのである。

日本では、読書は知識を手に入れるためのものだと考えている人が多いが、思考力を高めるには段階があるのだ。**知識を手に入れた上で、それを材料にして最終的に自分の思考力を高めることこそ、重要なのである。**

ビジネス書や実用書は、もっと軽やかに読んでも構わないが、**思考力を高めるためには、その最高のツールになるのが、教養書や哲学書、古典なのである。**

知識と知性と智恵は違う。料理で例えるなら、知識は食材。知性は食材を調理するためのレシピ。しかし、食材とレシピだけでは料理はできない。

料理は、実際にやけどをするなどしながらも繰り返し経験していく中で、自分の中で感覚的に料理が作れるようになる。食材とレシピがあっても、実践が伴わないと料理にならない。実践が伴わないものは、智恵にはならないのだ。

だから、**先人たちの智恵の結晶を文章で読んでも、それで智恵を手に入れた気にな**

ってはいけないのである。読書をしても実践が伴わなければ、智恵にならない。実感、体感として感じたものだけが智恵になる。これこそが、思索であり、実際の行動なのだ。

知識も知性も、それ自体は目的にはなれない。それはあくまでも手段である。生きる上で役に立たなければいけない。それは単に社会的な意味で地位が高くなるとか、高い報酬が得られるとか、周囲の評価が高まるといった意味だけではなく、**生きる価値を高め、人間としての次元を高めるものにしていかないといけない。**

精神的に成熟し、豊かで、自由で美しい人生を生きる糧になるのが、読書なのである。**読書は読書で完結させるべきではない。読書をすることは、ある意味でのスタート地点なのだ。**装備を調《ととの》えることなのである。

ネットの速報性とは違う、本の価値

日本で強く感じるのは、多くの人が新聞をはじめとしたニュースに取り憑かれているのではないか、ということである。私も日本に来て、ずっと大手新聞5紙に目を通していた。そこに膨大な時間をかけていた。情報をアップデートしなければいけないという強迫観念があった。

しかし、この15年ほど、私は新聞を一切、読んでいない。そしてわかったのは、それでまったく支障がない、ということだった。新聞を読み、ニュースをしっかり把握しておかないと世の中に追いつけなくなるのではないか、と思いがちだが、むしろ逆だとわかった。

読まないことによって、本質がより見えてくるのだ。肌感覚がより活きてくるのである。加えて、世の中についていっているという幻想の感覚からも抜け出すことができるようになる。もっと野生的に生きていくことができるようになる。

その意味では、むしろ新聞もニュースも見ないほうがいい。**時期的にホットなものは、基本的には追わないほうがいい。そこで時間が経っても残るものこそが、本当に価値があるものだからである。**

それこそが本当に自分の身になるものなのだと自分で決めれば、新聞を読む時間があれば、もう1冊、本が読めることに気づける。その30分なり1時間で、違うことができることがわかってくる。

スマホでニュースは勝手に入ってくるが、自分から追いかけることはない。有料コンテンツも見ない。小さいトレンドに惑わされることなく、メガトレンドがやがて見えてくるからである。

SNSを見ることもしない。自分との対話が大事だと思うからである。その意味で、やはり本を手に取ることになる。本を読むことで、自分と対話できるからだ。

情報を素早く手に入れたい場合は、インターネットは極めて便利なツールである。だが、速報性のあるネットニュースと、ジャーナリストがしっかり精査して書いたジャーナリズムの記事はまったく重みが違うことを認識しておく必要がある。

今の時代、まだ本の内容の濃度を超えるような文章は、ネット上にはほぼない。1冊でパッケージしてまとめあげられたものは、やはりネットに出ているものとはまったく違う。

幸か不幸か著作権というものがあるので、本に書かれているものがそのまま全文無料で公開されることはなかなかない。だから、本とネットのコンテンツとの価値の差はとても大きい。

磨き上げられた良質の情報というのは、まだまだ本の中に眠っている。誰でもインスタントに消費していいものがネット上にある。ただ、それがどれくらい価値があるか、ちゃんと裏付けがあるか、ということは把握ができない。

ジャーナリズムの記事の質が高い理由と同じだが、本には必ず編集者がついているのだ。その編集者と二人三脚で本は作り上げられていく。そこに書かれている内容には、しっかりとした根拠がある。裏付けがなされている。

表現としても、内容としても精査されたものなのだ。化学調味料が入っていない、オーガニックなところがあるのが、本の文章なのである。

自分の時間が大切だと考えているなら、どういうものと接するべきなのか、自分の時間の使い方を考えたほうがいい。やはり質のいいものを摂取したいという感覚を持っているなら、ネットで情報を消費することに時間を使うよりも、じっくり本と向き合うことに時間を使ったほうが、はるかに自分の精神には貢献をしてくれることに気づける。

速報性を求めるのか、自分の中で知性を支える骨格や肉を手に入れたいのか。それを精査することである。

その意味では、**家でも電車の中でも、四六時中、スマホをいじって無為な時間を過**

ごしていることこそ、最も危険なことかもしれない。間違いなく、何の力もついていないからである。

第3章

「捨てながら読む勇気」で、人生で最も大切な「時間」を無駄にしない

「1回目」はスキーミング。捨てながら読んでいく

ここからは、「100分で3回読む」読書法について、より詳しく解説していきたいと思う。**まずは「1回目」、10分で行う全読み、スキーミング読み**である。

10分でざっと読む目的は、本の輪郭を把握するためだ。構造全体をまず理解して本を読むのと、知らずにいきなり読み始めるのとでは、理解度はまるで変わってくる。構造を理解することで、著者が最も伝えたいコアメッセージにも気づける。

先にも触れたように、とりわけビジネス書や実用書は、8割を捨てるくらいの気持ちで読んだほうがいい。そうでないと、本当に大事なことを理解して記憶できない。もとより本のすべてを記憶することはできないのだ。

仕事でもToDoリストより優先順位をつけることが大事なように、200ページなり250ページの中で何がより重要で、何がそうでないかを見極めることが必要になる。

著者の想いをしっかり受け止めるためにも、8割は捨てるくらいの気持ちで読むの

だ。捨てながら読んでいくのである。捨てる抵抗感をなくすことで、できるようになる。２００ページの本なら、それでも40ページ分は残る。この40ページをこそ、きちんと理解しないといけない。

ミケランジェロは、ダビデ像をどう造ったかを聞かれたとき、こう答えている。「私はダビデ像を造ったのではない。大理石の中にダビデ像は眠っていて、私はいらない部分を削り落としたらダビデ像が立ち上がったのだ」と。

これは思考においても、会話においても、読書においても同じだと私は考えている。本の中にダビデ像は眠っている。これを掘り出す意識で本を読む。**捨てる行為が、実は拾う行為なのである。**

この視点で読書をすると、どんどん飛ばせるようになる。読むのではなく、探すのだ。**大事なことを探しに行かなければいけないと考えると、むしろ飛ばさないといけないことに気づける。**

そのためにも、構造や骨格を理解することが重要になる。まずは目次を眺めて、全体を捉える。その上でパラパラと本をめくっていく。

ここで注意しなければいけないことは、著者が重要だと思うことを、読み手が重要だと思う必要はない、ということである。あくまでも主体的に読むのだ。

だからこそ、自分の意図は何かを設定しないといけない。その本によって、何を得たいのか。自分はどんなアウトプットを得るために、この本を読むのか。本を読む目的を設定する。それがはっきりしていればいるほど、優先順位がはっきりし、スキーミングは有効になっていく。

この輪郭把握と優先順位づけによって、「2回目」における時間配分が大まかに決まっていくことになる。

私がときどきやるのは、最終項目や「終わりに」から読んでしまうことである。本の書き手は、イントロで読者に期待を抱かせ、読み進んでほしいと考えて、最後に結論を持ってくることが多い。こういう思いで書いてきた、といった話をしたりもする。**人は、告白の言葉に負けないくらい、別れの言葉に力を入れるもの**である。なぜなら、後味を良くしたいからである。だから、自分が一番伝えたかったこと、読者にメッセージとして覚えておいてほしいこと、口コミで使ってほしいことなどを、そこで書くことは少なくない。

目的地がわかり、道のりがわかれば重い荷物を持って歩くのもしんどくならなくなるのと同様、**最終項目や「終わりに」を読んでおくと、本は一気に読みやすくなる。**スポーツの試合結果がわかっていれば、ハイライトを見れば十分、というのと同じである。

著者がもったいぶって最後まで言わなかった結論を最初に知ることで、大事なポイントの目星がよりつけやすくなることは多い。スキップしながら、ジャンプしながら読んでいくことが、よりやりやすくなるのである。

時間は自分の命のかけら。無駄遣いしない

「１回目」の読書に与えられている時間は10分。このタイムリミットを守る意識を持つ。２００ページで10分ということは、５分で１００ページ、１分で20ページのペースである。

マラソンのようなもので、遅れたらスピードを上げる必要があるが、早かったとしてもスピードを落とす必要はない。時間内で終わらせることが重要なのであって、早くできるのに10分に合わせる必要はない。その分は、後の工程に回すと良い。

10分で全読みなんて、と思っている人も多いかもしれない。まず、ここでつまずいてしまうケースが多いと思う。それは、飛ばし読みができないからである。飛ばすことによって見逃してしまうことがあるのではないか、と思い込んでいるのだ。

繰り返すが、日本人は几帳面で真面目だ。飛ばし読みするのではなく、完璧に読みたいという自己満足的な欲求が強い。だから、飛ばし読みへの抵抗感は強い。

しかし、**飛ばし読みができないからこそ、重要なところがインプットされない可能性がある、ということに気づいておく必要がある。**そこに気づけると、飛ばす勇気、捨てる勇気が持てる。

そして自分が意識していないからといって、無意識の自分が見ているものを過小評価してはいけない。実際には、見ているのである。

これは後に書く「3回目」の汚し読み、本は汚しながら読む、ということについても日本人は罪悪感が強いようだが、日本人は本というものに対する信奉感がとびきり強い。

それは本というものが人生を支えるものであり、リスペクトすべきものだという思いの強さの表れでもあり、とても素敵なことであるとは思うが、それは文芸書の領域くらいに抑えておいたほうがいい。

ビジネス書や実用書まで、そんなふうに読む必要はない。そんなマインドシフトも、本書を読むことによってしてもらえたらと思っている。

これも繰り返しになるが、そもそも**自分の記憶力を過信してはいけない。**本のすべてを記憶するなどということが、果たしてできるだろうか。実際、2週間かけて読んだ本が、2週間後にはもう何ひとつ語れない、などということはよくある。

それなら、100分かけて読んだ本で最も大事なことが、1年経っても覚えていられるように読んだほうがいいのではないか。それが私の提案なのである。そして、ビジネス書など、**特定の分野の本は攻める気持ちで読んでいけば、ものすごく速く読めるのだ。**

それこそ同じ領域の情報に何度も接すると、文脈が同じであることに気づける。ひとつの彫刻が、角度を変えて見ると違うように見えるのと同じだ。いろんな角度から、同じことを言われているだけなのである。それは、反復して読めば気づける。

同じ道を行くのに、すべてを読む必要はない。一度行けば、土地勘はある程度つかめている。それは、意識しなくてもそうなる。無意識の部分に委ねているのだ。自分が意識しなくても、ちゃんと感じ取っているのである。

そして、私が何より強調しておきたいのは、「100分で3回読む」の100分という時間に対する過小評価である。**自分が100分かけるということが、どのくらい大きなことなのかということを、まずは強く認識すべきなのだ。**

「100分で3回読む」というのは、ある意味では読書論であるけれど、ある意味では時間論でもある。自分が100分という時間を、あらゆる意識を総動員して集中し、没入して読んだとき、そのパワーを過小評価すべきではないのである。

そもそも時間というのは自分の命のかけらなのだ。100分でさえ、実は大切な大切な時間を使うのだということに気づいておかないといけない。

ましてや、何時間も、何日も、何週間もかけて読んだ本について、ほとんど得られるものがなかった、などということになると、命のかけらの無駄遣いになりかねない。

逆に、得たいものが得られるのであれば、それにかける時間は短かければ短いほどいい。そこをシビアに捉えなければいけない。

読む前に時間を決める、という大切さ

読書する時間がなかなか見つからない、という声を聞くことがある。しかし、それは基本的な考え方が間違っている。**読書の時間は見つけるものではない。作るものなのである。**

大事なことは、読書というものを、自分の人生において、どう位置づけるか、である。人生のために極めて重要なものと位置づけるかどうか、だ。

もし、そうであるなら読書を生きる中での最優先順位に置くべきだろう。私はそうしているし、そうすべきだと思っている。読書には、そのくらいの価値があると考えている。

本が好きだ、読書が好きだという人は少なくない。もっと本を読みたいと考えている人も多い。しかし、その時間がない、と嘆くのは、人生における読書の位置づけが低い、というだけのことである。

位置づけが低いから、読書ができない。読書に時間をかけてしまう、とも言える。

緊張感のないまま、ダラダラと読んでしまう。実践的ではない読書の時間にしてしまう。

本を読むことを、身体を動かして運動することと同じくらい、食べることに負けないくらい優先順位を高く置くと、時間が余ったら本を読むということはなくなる。時間がないときでも本を読むようになる。

これはビル・ゲイツやウォーレン・バフェットなど、本好きな成功者たちがみな言う言葉である。**時間が余っているから本を読むのではなく、本を読んで余った時間を他にどう有効に使うか、**なのだ。そう考えるくらいに、本を読むことを日常生活の中で優先順位を高く置いている成功者たちは少なくないのである。

だからこそ、読む時間にもシビアにならないといけない。本を読める時間を最大限、有効なものにしないといけない。100分で1冊読む、と決めたら、何がなんでも読む。

最初は、アラームをセットしたほうがいいと思う。「1回目」の10分、「2回目」の50分、「3回目」の40分、すべてアラームで管理する。

本を読むことを人生の最上位に置くのと同じく、100分で読むことを読書におけ

る優先順位で一番高いところに置く。１００分で読めるかどうかではなく、１００分で読むのだと決める。

締め切りをはっきりさせるということだ。締め切りは絶対である。企画書を２時間後に提出しなければならないとなると、クオリティの如何《いかん》にかかわらず、２時間後に終わらせなければならない。これが、締め切り効果である。

同じように、**１００分で１冊読むと決める。**そう頭の中で入力しておくと、きちんと１００分で読めるようになるのだ。

私は、それができない人は、おそらく５００分あっても読めないと思う。まずは「１００分で３回、１冊読む」ということをデフォルトにしてしまうことだ。

１００分の中でどれくらい理解したか、どれくらい覚えられたか、ではなく、１００分で３回読む、ということを最優先順位に置いてしまう。正しいとか、正しくないとか、そういうことを求めない。そこからスタートするのである。

読む前に時間を決めておき、絶対にやるんだ、と決めていれば絶対にできる。そう決めておけば、その覚悟の中で本を読むことになる。そこから始めるのである。

命のかけらの時間を使うとするなら、もしかしたら１００分でも惜しい、という人もいるかもしれない。その価値は、果たしてあるのか、と。

だが、たくさんの本を読んできて、わずかな例外を除いて、どんな本でも100分かける価値はあると私は感じている。著者と編集者が、何カ月も時間をかけて作った本。100分くらいは最低、使っていいと思うのである。

もっといえば、読者側の読み方によるところも、実は大きい。ダメな本もないわけではないが、読書する側がきちんと意識を持って読むと、どんなダメな本でもきちんと気づきや学びを抽出することができるようになる。

本当に優れた読者は、いい本をきちんと選ぶだけでなく、ダメな本からも吸収できる能力がある。同じ本を読んで何も学べなかったという読者よりも、はるかにいいものをたくさん吸収していく。読み方によって、得るものはまったく変わってくるのである。

ただし、わずかな例外もある。そういう本をどうすればいいか、については後に書く。

時間をかけるほど理解度は低くなる

時間は命のかけらであり、生きていく上で最も大切なもののひとつ。もちろん読書は大事だが、だからといって時間をいくら使ってもいいことにはならない。

だが、読書をめぐっていろいろな人と話をしていると、多くの人が読書に時間制限を設けていなかった。それは、私が最も気になったところだった。

読んだ時間が読書の時間になるわけだが、その時間は読む前に決めるべきなのである。**読書は人生の最優先事項ではあるけれど、時間をその上に置く必要があるのだ。なぜなら、時間は命のかけらだから。**

だから、時間制限をつける。面白いことに、時間制限をつけると人間には緊張感が生まれる。とにかく時間に合わせて読むようになる。締め切りがあれば、多くの人は仕事をきちんと終えられるように、読書もきちんと終えられる。

逆に、締め切りがなければ、仕事はいつまでも終わらない。誰でもダラダラといつまでも終わらせられないのである。

だから、時間制限は有効なのだ。この時間で読むと決める。ただし、短時間の読書を一度だけで済ませてしまうと、これは難しい。そこで、3回読む、なのである。そうすることで、大局の目ができる。鷲の目ができあがる。大事なことをパッと見つけるために読めるようになる。

もちろん、すぐにはできない可能性が高い。しかし、それでも挑んでみる。100分で3回と決めてやってみる。10分、50分、40分でやってみる。このフォーマットがまた重要になる。人間は、フォーマットを決めれば絶対にやるからである。

頑張る、最善を尽くす、といったことではなく、これでやるんだというノウハウに沿ってやるのだ。ノウハウの重要性というのは、そういうことである。**決められたノウハウがあれば、人間は誰でもできるのだ。特に日本人はできる。**

逆に、裁量権を与えられると苦しくなる。何もできなくなってしまう。自己紹介をこうしなさい、と教えると見事にする。デートはこう誘いなさい、とアドバイスすると見事にできる。

ビジネスにおいても、マニュアルがあれば、しっかりこなせる。どんな人もそれをインストールすることで見事に仕事ができる。

それと同じである。１００分で3回読むと決め、それを3分割し、10分で全読み、50分で本読み、40分で深読みと決める。それが正解かどうかを気にすることなく、まずはやってみる。これでいいと思い込むと、できてしまうのが日本人なのだ（まさに教え子の大学生たちがそうだった）。

実際、その実感を自分で得られると思う。**短い時間で3回読んだとき、長い時間で1回読むよりも、はるかにポイントをつかめるようになっていることに気づける。**そういう感覚が得られ、成功体験になると、もっと前向きになれる。

そもそも「１００分で1冊」読むことに、悪いことは何もないのである。時間も節約でき、ポイントもつかめるようになり、それだけを覚えておけばいい。２週間かけて読んだけど、２週間後にはほとんど覚えていない、という読書とどちらが有効か。

たくさん時間をかけて読んだほうがいい、というマインドセットを払拭《ふっしょく》することだ。実際、時間をかけることで、効果が高い読書ができているのか、よくよく考えてみたほうがいい。

むしろ、**時間をかけるほど、理解度は低くなるのではないか。時間をかけたほうが、ポイントが見えづらくなるのではないか。そう疑うことだ。**

かけた時間ではなく読んだ回数が、より記憶力と理解力に影響を与えるということが、頭の中にきちんとインストールされると、時間と理解度の比例関係は逆転する。**時間をかけるほど理解度は低くなるのだという気づきを得られれば、誰でも割り切って飛ばし読みができるようになる。**時間をかけるほど理解力が上がるという思い込みを排除することだ。

時間をかけるほど、ポイントが見えづらくなるということに気づけば、時間をかけないで回数を増やすほうが理解力でも記憶力でも利点があると実感できる。

先にも触れたが、実際には人間には感じ取る力があるのだ。飛ばしているようで、きちんと見ている。その力も過小評価すべきではない。

短時間で読むと決めることには、もうひとつ利点がある。それは、没入して読むことになることだ。最も高い集中力で読み進められることである。

フローという言葉がある。思考が目の前の行動を邪魔しない、完全に集中した状態のことだ。このフローの状態に入ると、時間概念と自我の概念が消えると言われている。

だが、**この読書では時間を忘れてはいけない、というところがポイント**である。**完**

全に没入して読むのだが、その中で時間の概念を優先させるのである。

そのためにも、邪魔が入る可能性を事前に除去しておく。スマホは電源を切っておく。通勤通学を読書時間にするなら、できるだけライトなものを読んだほうがいい。短時間で集中的に戦略的に読めるものを選んだほうがいい。

慶應義塾大学で教えていた時代、学生にプレゼンをさせるときに３カ月後に発表してもらうよりも、来週までに準備を、と言ったほうが質が高くなる傾向があった。

日本には、時間をかければ生産性が上がるという信仰があるような気がしてならない。しかし、実際にはＧ７の中で生産性は最も低い。労働時間が長くて、生産性が低いというのは、その信仰によるものだと思う。

時間をかければ効果が上がると思い込んでいる人が多いのだ。しかし、むしろ逆なのである。**時間をかけることは、時間に対する緊張感がないこと、目的が曖昧《あいまい》なことを意味している。**

だからこそ、やらなければいけないことは、かける時間を減らすこと。時間のかけ方を工夫することだ。そうすることで、成果は倍増する。時間と成果に対する関係性について、根本的なマインドをシフトさせたほうがいい。

多読のススメ

時間は命のかけらといっても、どうしてここまで読書の時間にこだわるのか。それは、たくさんの本を読むことが大事だと私は思っているからである。

本を読む時間をもっと作りたいと考えている人は多い。実際、本を読むことに時間をたくさん使っている人もいる。しかし、**本を読む時間を増やすのではなく、読む冊数を増やすことを心がけてほしいと私は思うのだ。**

日本人は、おそらく世界一の本好きだと思う。これは、ドイツ人にも匹敵する。アメリカでは、7割ほどの人が1年に1冊も本を読まない、という調査データがある。読まない人というのは、まったく読まないのだ。

しかし、日本人はその比率はもっと低いだろう。そして、読む人はたくさん本を読む。つまり、本にかける時間をしっかり持っているのである。だからこそ、本から得る効用というものを、もっと意識してほしいと感じるのだ。その意味では、ちょっともったいない部分があるのではないか、と思うのである。

もっと短時間で効果的に読む術を手に入れると、多読ができる。もっといろんな世界を体験できる。もっといろんな素敵な本に出会う可能性も高くなる。そのことをぜひ実感してほしいのである。

読む冊数を増やすことにより、読んだ本が自分の人生に大切な価値を加えていく読書ができるのだ。

自分の頭の中にあるものには限りがある。自分の知らない世界があり、知らない世界を体験したことがある人がまとめあげたものが本である。

本は、その人の人生で得た教訓を千数百円で手に入れることができるものなのだ。

これは、極めて贅沢なことだと思う。

そんな贅沢なものであるにもかかわらず、そこにお金を投資しない。時間を投資しない。手に入れようともしない人もいる。そう考えると、本を読む人と読まない人の格差は、どんどん広がっていく。

本を読んでいる人は、間違いなく世界観が広がる。仕事のパフォーマンスも上がる。知識も増える。逆に読まなければ、生産性はどんどん落ちていく。精神的にもどんどん貧困になっていく。

読書をして悪いことは、何ひとつない。それがわかっているから、読書をする人はするのだと思うし、そういう人がたくさんいるのだと思う。しかし、非効率的・非効果的に読書をしてしまっているのが現状だと私は感じている。

だから、とりわけビジネス書や実用書に関しては、読書法を変えていってほしいのだ。**「100分で3回読む」ことで、ビジネス書と向き合う際のスタンスは、劇的に変わる。**自分を主役にした読書ができるようになると思うのである。

短時間で本質、ポイントをつかむ読書ができるようになれば、「この本はそれほど自分の役には立たないかもしれない」という本もすぐにわかるようになる。その本の内容が自分の役に立つかどうか、書店でパラパラめくるだけでもわかる。

テーマは悪くなくても、著者の書く内容がもうひとつだったり、表現技術が低かったり、ということにも気づける。センスのいい言葉を使った本かどうかも、見ればわかる。

それこそ、人と会ったとき、1分もしゃべれば、だいたいその人の思考力や表現力は見えてくるものである。それと似たことが本でもできるようになる。これは違うぞ、という本はすぐに見分けられるようになるのだ。

本を選ぶとは、最終的には、自分の命のかけらである時間をその本に使うかどうか、という判断に他ならない。だからこそ、選択には厳しい目で見る必要がある。

多くはないが、間違った本を選んでしまうと、その本に最低100分を使わなければいけない。何度も書くが、100分でさえ、大切な時間なのである。100分を使うに値するかどうかは、自分の中でしっかり見極めることが大事になる。

習慣化、システム化できる人が成功する

時間を短くする利点は、もうひとつある。習慣にしやすい、ということだ。読書をしよう、と考えていてもなかなかできない人は、自分のやる気に頼っているケースが多い。自分のやる気に頼ってできるようになるほど、人間は強いものではない。

だから、それがわかっている人は習慣化してしまう。やる気に頼らないようにしてしまう。習慣化、システム化して生活の中に組み込んでしまう。そうすれば、それが普通のことになる。

毎日30分走る、というのと同じだ。それを習慣化している人には、なんてことはな

い。だが、習慣化していない人にとっては、大変さばかりをイメージしてしまう。途中できっと続かなくなる、と考えてしまう。

読書も、習慣にしてしまうことだ。そうすることで、時間が確保でき、たくさんの本が読めるようになる。このとき、1冊にかけられる時間が短かければ短いほど、習慣化はしやすくなる。

頑張って1日100分取れたら、1年に365冊読める計算になる。実は難しいことではない。例えば、朝1時間早く起きる。それを「1回目」と「2回目」の読書に充てる。仕事を終えて、家に戻ってきてから「3回目」の読書をする。

通勤時間や昼休みを使う方法もある。行きの電車の30分、帰りの電車の30分、後は昼休みの40分で100分の時間を確保できる。

1日100分が難しければ2日で100分でもいいし、3日で100分でもいい。1週間で100分でもいい。「1回目」「2回目」「3回目」を1週間の中でやる、という方法もある。それだけで週に1冊、月4冊で年間約50冊の本が読める。

100分の時間を確保してみましょう、と言うと、誰でも確保できるのである。ところが、1冊読んでみましょう、その時間を確保しましょう、となると難しい、という声が聞こえてくる。

先に時間を確保してしまうことだ。これこそが習慣化である。どこでなら時間を確保できるのかを考え、その時間を読書時間にしてしまうのだ。時間を決め、何があっても、その時間は読書をする、と決めておけばいいだけの話である。

そして「１００分で3回読み」ができるようになると、どこでもできるようになる。カフェでも電車の中でも昼休みでもできるようになる。「1回目」「2回目」「3回目」が途切れてもできるようになる。１００分ずっと通しでなくても構わない。隙間時間をうまく使ったらいい。

10分空いているなら、「1回目」の読書に充てる。カフェで時間があるときには、「2回目」「3回目」に充ててもいい。途中で時間が切れたら、しおりをはさんで残りを時間があるときにやればいい。

こんな方法もある。通勤時間が30分なら、3冊の本を持っていくのだ。それぞれ「1回目」読みを10分ずつ、やればいいのである。翌日からは「2回目」読みの時間にしていく。「3回目」を読む時間もどこかで確保していく。

こうした一連のプロセスを習慣に組み込んでしまうのが、最もやりやすい。1週間の中で、どこで「1回目」をやり、「2回目」をやり、「3回目」をやるのかを決めてしまうのだ。**習慣化すれば、毎日、毎週できるようになる。**

そして、「100分読書」を続けているうちに、自分に自信がついていくことに気づけると思う。しっかり構造を把握していれば、一気に読み進められることに気が付くからである。ものすごく速く読めるようになる。

金脈や鷲の目の意味もわかってくる。獲物がどこにいるかを10分間で把握するかのように、飛行していく感じがつかめると思う。視点を高くするから、自分で情報処理ができるようになるのだ。そして「2回目」で思わぬ発見があったり、「3回目」でさらに深く思考できたりする。

ただ、その感覚を得るには、やはり30冊くらいは読みこなさないといけない。10冊くらいで感触がつかめるようになり、20冊くらいで手応えを感じられるようになると思う。

そのためにも習慣化することだ。何事もそうだが、やはり**コツコツ続ける人が成功するの**である。コツコツ続けられない人間は、何をしてもなかなかうまくいかない。

成功の条件は三つある。一つは、やろうとすること自体が自分の人生において大切

な価値とつながっていること。二つ目は、ゲーテの言葉でもあるが、大作を作りたいならば分解する。今日できることに落とし込む。誰でもいきなり大きなことはできない。今日できるところまで、単位を分解するのである。そして**三つ目は、それをとにかく毎日積み上げていく。**この三つがあれば、成功する。

　コツコツやろうとしても、本当に自分の心に響かないものだったり、やろうとすることが大がかり過ぎてできなかったりすれば、うまくはいかない。先週はできたが、今週はちょっと用事があって、と続かなければ、これもまたうまくいかない。成功には三つが必要なのである。

　なぜ成功者たちが高いスキルを獲得できているか。その理由は習慣化にこそある。やる気だけでは限界があるのだ。習慣化しているからこそ、スキルを深めていけるのである。

違うと思ったら、切り上げる

もし読む価値がない本に出会ったときには、どうするか。私はすぐに読むのをやめ

る。

経済学には、**埋没費用（サンクコスト）派と、機会費用派**がある。

それまで投資して回収不可能な費用を埋没費用、サンクコストという。機会費用というのは、それをしないときに得られる最大の利益のことだ。

例えば、1800円を払って映画館に入ったが、始まって15分で、これは絶対に面白くない、と気が付いたとする。このとき、1800円の入場料を払ってしまったのだから、最後まで見よう、という人は埋没費用（サンクコスト）派である。

もしかすると、15分でさっさと映画館を出れば、残る100分で読書をしたり、ブログを書いたり、仕事をしたりすることができるかもしれない。ここに価値を感じる人は、映画館をさっさと出てしまう。これが機会費用派である。

総じて、埋没費用（サンクコスト）派というのは、成功しない。機会費用を考えることができず、切り替えができないからである。それまでやってきたのだから、と惰性で動いてしまう。考えるべきことを考えられていない。

機会費用派は、違うと思ったら、すぐに切り替える。これは映画に限らず、何事でもそうである。仕事においても、恋愛においてもそうである。こういう人たちは、絶対にチャンスを逃さない。いろんなことにチャレンジができる。

読書も、少し読んでみれば、本能的な直感で、これはもう読む必要がない、ということは意外にわかるものである。そういうときは、途中で切り上げてしまったほうがいい。これもまた勇気である。

なぜ切り上げるのかといえば、**もっと大切な本を読む時間を確保するため**である。これは、自分の意思決定でできることだ。切り上げると思ったら、切り上げられるのである。

１５００円も払ったのだから、と思ったら切り上げられなくても、これを切り上げたことで人生を変える本に早く出会えるかもしれない、そういう本が読めるかもしれない、と考えたら切り替えられる。これは、機会費用派の発想である。

想像力を育てあげていくと、切り替えができるようになる。そういう人にしか、人生を、時間を有効に使うことはできない。**切り上げた先にあるもの、切り上げて節約した時間をどう使うかを常に考えるべき**なのである。

何事においても、自分の意志をはっきりさせることが大切になる。これからの時代は、それがより大切なものになっていく。

これは日本人の特徴でもあると思うが、アメリカ人のようにはっきりと自己表現をすることはあまりない。自分がどう思っているか、アメリカ人ははっきり言う。それが和を乱すものであったとしても、自由を優先させるという個人主義的なところがある。

いい意味では絶対的、自己信頼的ということであり、自分にとっての真実が、世の中の真実よりも、より真実に近いのだ、と思っているところがある。

それに対して日本人は、やはり和を大事にする。また、集団の秩序を大事にする。自分の意見や表現というものが、全体に対してどんなふうに影響を与えるか、発言する前に考えて引っ込めてしまうという側面がかなりある。

だから、慶應義塾大学時代は、とりあえず空気を読むという感覚は置いておいて、自分の意見を表明する、表現するという意識を持ち、自分の意見を言えるように、と学生たちには伝えていた。

「君はどう思うか？」と聞かれたとき、必ず自分の意見が言えるようにする。必ずしも、挙手をして言う必要はないが、**どんな状況においても、常に自分がどう思っているかということを基軸に考える。**

ここで意見がない人こそ、最も自分を持たない人である。組織からすれば、最も代替ができてしまえる人。だから、どんなときにおいても、自分がどう思って、どう感じているかを大事にすることが重要だということを伝えてきたのだ。

本を読むときにも、これは同じである。著者は、たしかに偉大なる人である。自分は、未熟かもしれない。しかし、それでも、自分は自分なのだ。自分と一緒に人生を旅していかないといけないし、自分自身を育ててあげないといけない。

自分がどんなにダメな人間でも、自分は自分の手を離してはいけないのである。だから、本を読みながらも、自分の意見を聞いてあげる必要があるのである。

人生の指揮権を自分で持つために

これは子育ても同じだと思う。明らかに大人の意見が正しいとしても、自分はどう思うか、**自分はどう感じたか、をずっと問われ続けた子どもは、大人になっても自分で考える思考力が身につく。**

また、それを語るような場面、表現できるような場面を与えられると、自分で考えていることを、きちんと表現できる人間になる。

自分の意見を持ち、自分の意見を表明できるようになると、少なくとも自分の意志と意見を持った人間として一人前になれる。

しかし、自分の意見を持たない、持つことを明確に意識しないと、人間は意見を持たなくても済む。これはとてもラクなことだが、長期的には人生を誰かに支配され、従属させられる最も確実な近道になってしまう。

自分をないがしろにしてはいけない。常に自分の人生の指揮権は自分が持っていて、自分自身を育てあげ、自分自身をケアする気持ちを持っていないといけない。

日本では、親の子どもに対する愛があり過ぎるがゆえに、子どもの代わりに意思決定を行ってしまうことが多い。子どもが試行錯誤する権利を奪ってしまう。

たしかに試行錯誤をすると、短期的には痛い目に遭う可能性がある。痛い目に遭わせたくないという親心から、親が意思決定をしてしまう。

アメリカやフランスでは、こうはしない。3歳、4歳でレストランのメニューを選ばせる。注文して辛《から》かったら、その経験から学びを得る。思考能力を身につけていく。

日本では、親が「それは辛いから」と先回りしてしまう。

しかし、**人間は試行錯誤から最も多くのことを学べるのである。特に失敗から多くのことを学べる。**その権利を親が奪うと、大人になっても自分で決めることができなくなったりする。自分で決められないから自分で責任を取る場面もなくなる。

だから、決めないで責任を取らない。それを心地いいと思った瞬間から、その人間は完全に自分の意志を失ってしまう。意志を問われても、本当に自分の意志がなんなのか、わからなくなってしまう。なぜかといえば、自分と会話する場面がないからである。

自分の意見を持って意見を言うには、自分と対話をしなければいけない。その対話する回路が断たれていたり、対話する習慣がなくなると、自分は何が好きなのか、何を目指したいのか、自分がどう感じているのか、何を思うのかさえも、まったくわからないような大人になってしまう。

一方で、それがとても都合がいいと考えている組織や会社、学校などもある。この組み合わせによって、どんどん自分で考えない、責任を取らない子どもたちが生み出されてしまった。

だが、時代は大きく変わっている。これからは、自分の意見を持たない人間は、すべて代替されてしまうことになるだろう。機械か、コンピュータか、あるいは開発途上国の安い労働力にか。

これからの時代はクリエイティビティが問われてくる。コンピュータではできないようなことをしなければいけない。

そのためには、**答えがない世界で、答えを作り上げていく能力が求められる。これこそが、AIにできない能力**なのである。

答えがすでにあるのであれば、検索すれば、すべて手に入ってしまう。そうではなくて、**自分が選択したものを答えにしていく能力。それこそが、おそらく人間の最終的な砦《とりで》になる。AIやコンピュータに対して優位性を持てるところになる。**

生きることは、自分の選択を正解にしていくことだと自分で思えた瞬間に、選択というものに対する重要性に気づける。選択をしたところから、自分でそれを正解にしていくための努力をしていくという決意が生まれる。

この決意こそ、これから最も重要になってくるのである。

読書は、非日常に自分を置くこと

読書は旅に似ている。旅行では、見ることも大事なことだが、もっと大事なことは、見たときに自分の心の中で何が生まれたか、である。これこそが、私にとっての旅行術のコアになっている。

しかし、旅行先に行き、見るものを見たところで終わってしまっている人は少なくない。見たときに自分の心の中で何が生まれたのかを考え、スマホでもメモ用紙でもいいのでメモをする、という人はかなり限られる。

本もそうだが、読んで、そのまま終わってしまう人と、読んだときに自分はこう思った、こんなふうに感じたと言える人がいるが、後者は極めて少ない。

旅行でも本でも、そこまでの発想に行く人は多くはない。だからこそ、できている人は素晴らしい旅行をしているな、素晴らしい読書をしているな、と私は感じる。

おそらくこの人は、何を見ても、自分の心の中に何が生まれたかを大事にする人だと思う。**本を読む際も、誰かと接する際も、すべてにおいて自分を脇役にしない、な**

いがしろにしない人だと思う。

もとより旅は、自分との対話である。どこに行っても、自分はついて回る。これは本も同じだ。本も、自分が今まで接したことのない世界である。自分にとっては、非日常であるはずである。

「日常が理性を麻痺させる」という言葉を残したのはハイデッガーだが、慣れ親しんだところでは、人間は新しい思考はできない。非日常の場に自分を置いたとき、自分の中でセンサーが動き始めて、普段はおそらく得られないような感覚も自分の中で湧き上がってくる。

旅にはそういう利点がある。非日常を日常に変え、日常を非日常に変える。非日常の場に自分の身を置くことによって、自分の心の中にある大切なものに気づいたり、クリエイティブな発想ができるようになったりする。だから、そのときの思いを記憶しておくことが大事になるのだ。

本も非日常に飛び込むことである。ただ、飛び込んでも、自分というものが常についてくることは忘れてはいけない。その非日常という新しい世界の中で、自分はどう思っているのか、自分と対話することができるのである。

私の読書法は、旅にかなり似ている。私はガイドブックを見ない。旅先に行くと、地図を手書きで描いてみることにしている。これは、街全体を把握する鷲の目を得るためである。全体の空間を自分で把握することは、極めて大事である。そして、その街を見ながら地図を自分で描き、旅をするたびにチェックを入れていく。

地図を描いた後は、観光バスに乗る。観光地を周遊しているバスだ。まずはバスに乗り、街全体を把握しながら、自分の中で目星をつけていくのである。目星をつけていったら、例えば３日間の滞在中に、どこを重点的に見るか、時間配分ができる。

これこそ、まさに読書をするときの、「１回目」と同じである。目次や全体をパラパラと見て構造を把握し、次にいかに読んでいくか、時間配分を念頭に入れて「２回目」へと進んでいくのである。

３日間で本当に見たいと思えるものを探るために、私はあえて最初に観光バスに乗る。すぐ目の前に誘惑があっても、全体を回るバスに乗るのだ。後は、計画と偶然のバランスをうまく置く。

ポイントした場所に行ったら、ちょっと路地裏に入ったりしてみる。そうやって、偶然を自分の中で生み出していく。地図を自分で描き、観光バスに乗って全体を巡っているからこそ、これはできる。

読書も「1回目」の読書で、勘所をつかんでいるからこそ、「2回目」の読書でちょっと路地裏にも入っていける。思わぬ偶然にも出会える。非日常を、たっぷり楽しむためにも「3回読み」は有効なのである。

次章では、「2回目」について詳しく解説していく。

第4章

「すぐ必要な本」と「すぐ必要でない本」、両方を書店で買う

「2回目」は詳細を含む理解のための読書

「100分で3回読む」読書法、「2回目」は50分の「本読み」である。詳細を含む理解のための読書である。

「1回目」のスキーミング読みは、「2回目」の「本読み」の際の時間配分を決めるためにあると言ってもいい。私はこれをよくパーティを例にして語っている。

みなさんがパーティに行ったとしよう。200人のパーティ（200ページの本にも例えられるかもしれない）で最初に顔を合わせた3人と最後まで話をし続けるということは、まずないだろう。これは、良いパーティの過ごし方でもない。しかし、だからといって全員と1分ずつ話す、というのも現実的ではない。

私がパーティに行ったときに考えるのは、最初の10分ほどは全体を把握するためにスキーミングをすることである。どこにどんなグループがあるのか、どんな人が来ているのか、把握をするのだ。読書でいうと、「1回目」だ。

その後に、いくつかのグループを回ってみる。これこそが「2回目」である。本でいえば、章ごとに回ってみる、という感じだろうか。そして、残りの時間は一番興味のある、学びのあるグループ（章）や人（ページやメッセージ）と重点的に関わり、次につながるように会話を深めたり、名刺交換やSNS交換などをする。

その人たちは、自分のこれからの人生においても、ずっとつながり続けるようになり、人生を豊かにするためのコアとなる。

そのコアとなる人（ページやメッセージ）と出会うためにも、「2回目」＝「本読み」をする前の全体の時間配分・集中力配分が重要になるのである。それを事前に把握してから、読み進むことが大事だ。

そして「2回目」においても、常に鷲の目を意識する。全体を把握しながら俯瞰する目を持ち、詳細を見極めていく。

「1回目」との違いは「望遠鏡と顕微鏡を併用する」ということである。構造化する気持ちを持ちながらも、詳細を読み進めていく。

一流の人たちとは、この俯瞰と見極めを同時進行で行っていく人たちである。望遠鏡と顕微鏡を同時に使いこなす。だから、視野が広いながらも、詳細に対する感受性や注意力、観察力や洞察力に優れているのである。

全体を見渡し、詳細を見極める。これが50分の「本読み」においては特に重要なのだ。「1回目」の際に発見し、設定した1行のコアメッセージは、いわば根っこのようなもの。「2回目」では、その根っこに対してメインとなる幹を見つけ、枝を見つけることが目的となる。

この際に、**葉っぱは基本無視する**ことだ。情報処理能力を高めるということは、多くの情報を処理するという意味もあるが、本当に処理を必要とする情報を見極めることも意味する。見極めるとは、言い換えると捨てるということだ。

集中して読むものを決めるためにも、読まないもの、注意を払わないものを知ることが大事になる。そうすると、限られた一定のエネルギーを持って、より高い効果やパフォーマンスを発揮することができるようになる。

これを専門用語では、「事前処理」(Pre-programing)と呼ぶ。大量生産時代では、これが大いに使われた。トヨタ生産方式においても、作業を始める前に無駄を徹底的に省くことが重要であり、それによって生産性が決定されるところがあった。

労働者の動作を観察して無駄を省いたり、効果の高い動作に集中させたりするような実験もあったほどである。すべての作業工程は事前に科学的に設定されるのが、常だった。

「２回目」の50分の「本読み」では、ペンを持って読みたい。蛍光マーカーでもいいし、赤ペンでもいい。私は黄色い蛍光マーカーを推奨している。そして、気になるところに線を引くのだ。その意味で、線を引くために読む、とも言える。まだ深読みをする必要はない。

旅行で観光バスに乗って目星をつけた所を詳細に見て、ポイントを拾っていくのが、線引きである。後でもう一度、訪れたいキーポイントである。

50分で２００ページなので、ゆっくり立ち止まる余裕はない。**重要なのは、決まった時間ですべてを回ってみることである。**線引きのための本読みが終われば、「３回目」の深読みに入る。

積ん読から最適な本をいかに見つけるか

この章では、本の選び方、買い方についても触れていきたい。**本には、大きく二つの効用があると私は考えている。自分のキャリアを磨く側面と、自分の人生を準備す**

る側面である。両者は意識して徹底的に分けたほうがいい。

自分のキャリアを築くための本を読むときは、徹底的に理性的なものを読む。その味気なさも自分で理解する。

ただ、それだけでは精神は鍛えられない。そこで、教養を身につけるべくリベラルアーツ領域にも踏み込む。

もともと学問には、領域はなかった。昔の偉人たちは家庭教師に学んだ。貴族たちの家庭教師は、数学から文学からすべて分け目なし、境界なしで教えた。

しかし、後に分野が人為的に作られた。境界がなかったところに、高等教育の始まりにより、無理矢理区分けがなされたのである。

だから、**文系理系に限らず、自分の好きな領域に限らず、自分の知らない分野、読んだことのない分野にも踏み込んでいったほうがいい。**そうすることで、他の人たちが持っていない知識を、どんどん厚くしていくことができる。

こんなふうに本を買っていくと、いろんな領域の本が溜まっていく。いわゆる積ん読されている人も少なくないかもしれない。ここからどんな本を読むべきか、という声を聞くこともある。

大切なのは、今この瞬間の自分に何が必要なのか、一度、頭の中で考えてみることだ。判断基準を持つのである。その上で、積ん読されている本を拾い読みしてみる。そうすると、判断基準と本との関連度合いのパーセンテージが浮かんでくる。

こんなふうに読んでいけば、本はすぐに読み進められる。ところが、ただ積んである本を眺めているだけでは、なかなか読む本の優先順位はつけられない。

自分が最近、持っている課題を考えるといい。最近、やる気はあるのにやり続けられない、習慣の力が弱い、と本のテーマが浮かぶかもしれない。記憶力が弱いかもしれない、だから勉強の仕方の本を読もう、となるかもしれない。

人間関係がちょっと気になる、感情のコントロールがうまくいっていない気がする、など、今の自分が抱えている課題を思い浮かべてみる。漠然と積んである本を眺めるのではなく、拾い読みする前に、10秒でも30秒でも、自分の中で今、必要なものを思い浮かべてみることだ。そうすることで、読みたい本が見つかる。

さらには、気分で決める、という方法もある。食べ物もそうではないだろうか。毎日、同じものだけ食べていたいという人はいない。今日はちょっと脂っぽいものが食べたいな、今日は野菜がいいな、パスタがいいな、など食べたいものは、その日によって変わるはずだ。

だから、自分にどんな本を読みたいのか、ちょっと聞いてみる。ちょっと物語的なものがいいかな、ドラッカーの本を読んでみたいかな、など気分を確かめてみる。気分に合うような本を積ん読されている中から見つけたら、すぐにそこから選び出すことができる。

間違ってもやってはいけないのは、積ん読されている本を上から読もうとすることである。なんとなくで読もうとしてしまうことである。

本の価値というのは、そのときの自分の気分、そのときの自分の目的意識によって変動するところがあるのだ。そこで受け身にならず、自分の気分、自分のニーズを大事にしていく。気まぐれなニーズに、ちゃんと向き合ってみる。

そうすることで、そのときどきに相性のいい本を選ぶことができる。小さなワンステップを踏むだけで、積ん読は減っていく。

また、本は眺めること自体にも意味があると私は思っている。**本を買うという行為自体、自分の未来に対する自分の中でのコミットメントでもあるので、読まなくても買うということの意味は、とても大きい**と思う。

ただ、これだけ情報が溢れていて、ネットでもたくさん有益な情報が手に入れられるようになると、やはり本を選び抜く能力がなければ、くだらない本にお金をかけてしまうようなことも起こり得る。

それこそ、本と同じ金額を出せば、ネットでいいサービスが買えたりする。ますます、いい本をきちんと選び抜く力が問われてくる。そうすることで、いい本が手元に残っていく。

よくない本を買い過ぎてしまうと、いい本が最終的には埋もれていってしまうようなことになりかねない。

本を買うときには、厳しい目で、これからも残したいと思えるもの、増刷を続けてほしいと思える本を、自分で選び抜くのだというくらいの意識を持っておく。

これまで以上に厳しくするくらいの賢い消費者になれば、賢い読者をより賢くさせる本が残ると思う。

ビジネス書は、まずは要素を理解することから

　すぐに役に立つものは、すぐに役に立たなくなる、というのは事実である。しかし、すぐに使うための知識も、世の中には必要だ。即効性が必要なものは必ずある。したがって、そのための読書をすることも大切にしなければいけない。それは、読書の目的に合わせて、自分の中で決めればいいことである。

　例えば、通信の世界の最先端の情報に関する本は常にベストセラーになる。速報性が求められる領域だからだ。私が日本に来たばかりの頃、まだ誰もやっていない領域の研究者を目指してマルチメディア分野を徹底的に勉強した話はすでに書いたが、この世界ではいかに知識を先に手に入れるかが、競争優位の源泉でもあるのである。

　したがって、知識を人より先に手に入れることには大きな意味があり、知識を手に入れるための読書はあってもいい。ただ、それはあくまでもインスタントな意味でのメリットがあるに過ぎない、ということは認識しておく必要がある。

今、自分は知識を得ようとしているのか、知性を得ようとしているのか、または智

恵に役に立たせようとしているのか、目的意識を明確に持つことは極めて重要である。

知識を得なければいけないとき、一番の方法は、まずは圧倒的な量を読みこなしていくことである。

例えば、ある場所の土地勘を培おうとするとき、何よりの方法は圧倒的に歩き回ることである。同じように、その業界なり、領域の本をたくさん読んでいく中で、自分の中でそれぞれの本の内容の関係性を見出していかなければいけない。

そうしたコンテキスト（文脈）が必要になるのだ。テキストをつなげるという意味でのコンテキストである。そこから文脈が少しずつ見えてくる。全体の関係性が見えてくる。

私は何かを理解しようとするとき、必ず三つの視点から考えている。「要素理解」「関係性理解」「全体理解」だ。

個別の要素を理解することは、とても大事なことである。また、その関係性を理解することも必要。そして全体の方向性も知っておかないといけない。この三つのセットが必要になるのだ。

実際、企業の経営者やリーダーは、この三つの視点のすべてを持たなければいけない。社員一人ひとりも、要素の理解だけでなく、関係性が理解できていると、組織づくりにも貢献することができる。

そして、すべてを束ねて最終的に行きたい目的地に、みんなの力をアラインして（足並みをそろえて）向かわせていく**「全体理解」をしているリーダーがいれば、ビジネスにはより加速がついてくる。**

三つを理解することが大事になるが、もちろんまず重要なのは、要素理解になる。ここで、量をこなすことが必要になるのだ。

わかりやすい例でいうと、英語学習がある。英語を学ぶとき、私が最も大事にしたのは、母国語にしている人以上に単語を覚えることだった。これこそ要素理解である。それをやっている中で、単語同士を組み合わせる文章のパターンが見えてきた。これが、関係性理解だ。そして、足りないところをカバーして、全体理解へと進んでいった。

難しい科学技術なども、すべては要素技術からスタートしたほうがいい。新しい分野に触れて少し馴染んでいくところから始めるなら、その領域の本を3〜5冊読むといいだろう。

このくらい読めば、まず土地勘がつかめる。その中で、より重点的に読みたいところの、自分の中での目利き能力が少し育ってくる。そこから、さらに深めたいところは、また新しく読んでいく。最新の科学技術も３冊から５冊読めば、語れるようになる。

では、このとき**本をどう選ぶか。シンプルにブックレビューが最も役に立つ。**もはやマスメディアの時代ではなく、広告的なものや宣伝されているものより、やはり個人のレビューが有効だ。

その場合、クオリティの高いレビューを見分けられるようになることが、大事である。逆に、おかしなレビューに惑わされないようにしないといけない。

複数読むとなると、似ている本かどうか、気になるところであるが、それは気にする必要はない。それよりも、鷲の目を手に入れることを意識する。そのためにも、あまり一部分に深く入り過ぎず、全体を概観的に見れるような本を読んだほうが、全体の中での地図が読めるようになっていく。

ビジネス書を読むときのもうひとつのポイントは、新しい情報、知らない言葉が出てきたときだ。これは英語を読むときもそうだが、わからないとき、そのたびに立ち止まってしまうと前に進めなくなる。だから、自分の集中力でそれを無理に理解しようとしないことだ。

また出会うことになるだろう、と割り切り、わからなかったという感覚だけを覚えておく。この、わからなかったことを自分が知ることこそが大事なのだ。

そして二度、三度と同じ言葉や内容に出会い、文脈の中で徐々にその輪郭が見えてくるときがある。何度も同じ言葉に出会うのは、それが重要な言葉だからである。だが、初対面でわからないのは当たり前で、そこで集中的に理解しようとしたら時間が足りなくなる。人もそうだが、大事な人は何度も出くわすのである。

目的にもよるが、基本的にビジネス書の場合は、時間を使い過ぎないようにしなければいけない。**重要なものは複数回、出てくる。一度しか出てこないものは、そこまで重要ではないということ。**

よほど自分に時間が余っていて、マニアックにすべて理解したければしてもいいが、そこまでではないものは、必ず後からも出てくる。出てこなかったら、それは重要ではないと割り切るくらいの感覚で、ビジネス書は読んだほうがいい。

古典は著者のバックグラウンドを理解する

すぐには役に立たないように見えて、人生でじわじわと効いてくるのが、教養書や古典である。現実の人生から最も遠いものと多くの人は思い込んでいるが、実は心のど真ん中にあるものだと私は思っている。心に最も響くのは、教養書や古典なのである。

こうした本に馴染めないのは、とてももったいないことだ。逆に味方につけると、心のコアはどんどん厚くなり、強くなる。勇気ある人生を生きることができ、惑わされずに済む。だが、難解に感じている人は少なくない。

例えば、セネカの『**生の短さについて**』を古い岩波文庫で読むと、とても難しい。それよりも、超訳的に簡潔に書かれた新しい文庫のほうが心に響く。それはなぜかというと、訳者が私の代わりに、複雑な現象の中からその人が思う本質を導き出してくれているからである。

本質はそもそも昔から変わっていない。だから、まずはそれを把握して、それから古い岩波文庫を読むと読みやすくなる。古いものもまた、味わい深いのだ。

教養書や古典については、いきなり読むのではなく、事前に知識を持っておくことが極めて重要になる。その古典が評価されている理由、その古典が持っている基本的な構造を知っているだけでも、理解度はまるで違う。

そして何より読みやすさを大きく左右するのが、著者に対する理解だ。それが深まっていると本当に対話をしているような印象で読むことができる。

その古典を書いた人の人生を知り、なぜその本を書いたのかというところを理解する。そうすることで、理解度はまるで変わる。時代的な背景もわかる。

古典の文脈をすべて調べることはできないが、著者の生涯を知ることでおおよその文脈を理解できるようになる。そうすると、著者に対する親近感が高まる。多少、難しい言葉があっても読み進められる。

例えば、セネカはローマの第5代皇帝ネロの家庭教師を務め、後に補佐役となって政治を支えた。しかし、最後はネロが狂って自決命令を出して、命を落とした。この事実を知るだけでも、セネカが書いた『生の短さについて』の説得力は増してくる。

古典の著者は、多くの著作を残している。著者を理解しておくと、その著作がより理解しやすくなる。だから、お気に入りの古典の著者がいれば、その著作をどんどん読んでいくといい。

私が勧めているのは、先にも挙げた4人である。セネカ、ニーチェ、ショーペンハウアー、ゲーテ。今ではネットで著者についてのいろんな知識が手に入る。それを理解して読めば、本の楽しみが大きく変わる。どんどん読み進めていくことができるようになる。

実はニーチェもショーペンハウアーもゲーテも、セネカの著書の話をたくさんしている。古典が古典で通じ合っているのである。なぜかというと、古典に残るような本を書ける人は、古典から学んでいる人だからである。

これは、三島由紀夫も言っている。**古典は普遍的な真実を伝えているのだ。**だから、セネカを読んでから、その後にニーチェやショーペンハウアー、ゲーテを読んだりすると、セネカにも出会える。実は、セネカ以外の3人が同時代に生き、つながっていることに気づけて、どんどんバトンリレーが始まる。ちょっとだけ死生観が違うことに気づけたりする。

他にも、**『三国志』**はとても面白い本だが、最初の100ページを読むのが難しい。

ところが、登場人物の関係がわかってくると、どんどん面白くなっていく。これと古典は同じである。関係性が少しでもわかると面白くなっていくのである。

まずは『ゲーテとの対話』を読むといい

西洋の古典を初めて読む人に私が勧めているのは、『ゲーテとの対話』である。著者は、エッカーマンである。ゲーテの作品を尊敬していたエッカーマンは、若い青年時代、ゲーテの弟子になりたくてゲーテの秘書を務めていた。

このときの日記が『ゲーテとの対話』である。ゲーテがどんな人に会い、どんな服を着て、何を食べていたのか、そんなことも含めてゲーテとの対話を残しているのだが、ゲーテが書いたら難しいことも、エッカーマンの日記で読むととてもわかりやすい。

しかも、ゲーテの嫉妬《しっと》する様子など人間的な部分も見えてきて、とても面白く読める。エッカーマンに雑用をさせるために、ゲーテがいかに口説き落としたか、などという話も興味深い。エッカーマンはわかっていながらも、それを受け入れたりする。

偉人と呼ばれる人たちの、ここまでの詳細な記録が残っていることは稀《まれ》だ。その意味で『ゲーテとの対話』の価値は大きい。これを読み、ゲーテを知ってから、ゲーテの著作を読むと理解はぐっと深まる。

中国古典では、孔子と老子が有名だが、『論語』はじめ、著作をいきなり読んでしまうとなかなか頭には入らない。**まずやるべきは、孔子と老子を理解することである。**

孔子は大変な権威主義者で、階級社会に完全に服従している。このコンスピラシー（共謀）を為政者に捧げることで評価を得た。これは、マキャベリも同じである。後にマキャベリは追放され、『**君主論**』を書き、為政者を持ち上げ、ブレーンとして雇ってもらおうと考えたが、最終的にはそれはかなわなかった。

一方、老子は完全に権威を否定する。心の状態を乗り越えて超越するところから、「空」や「水」といった概念が出てくる。

これを理解しておくと、『論語』を読むときにも自分の基軸を持って読める。日本では、『論語』はバイブルのように読まれているが、**実は孔子がどんな人物であったのかを理解しておくと、その意図がわかり、批判的に読むことができる。**

著者を知る意味は、私が後に芸術を楽しめるようになったことにも通じている。芸術は、それを描いたアーティストと作品を切り離すことができないのである。**岡本太郎も言っているが、アーティストと作品は一体**なのである。

だから、作者を理解できると、読むとき、見るときの感覚が、自分の中で大きく変わっていく。

私はイタリアのフィレンツェに住んでいたとき、毎日、中央市場に行って買い物をして家で料理をしていた。あるとき、レオナルド・ダ・ヴィンチも毎日同じ中央市場に行って食材を買って自分で料理して食べていたということを本で読んで知った。

芸術と一体となるとは、こういうことだと思った。そのときから、**レオナルド・ダ・ヴィンチは異次元の偉人ではなく、まるですぐ近くに住む友人のように思えた。**同じ生身の人間だったのだ、と。

もちろん、彼が残したのは偉大なる作品だが、それは市井《しせい》の人間というものが創り出した偉大なる作品であることに、私は大きな尊敬の念を抱くようになった。それまでは、天才が描いた偉大なる作品だった。そういう人たちの世界があるのだろうと思っていた。しかし、レオナルド・ダ・ヴィンチも一人の人間だったのである。

著者を理解するようになってから、読むときに、その人の声が聞こえるかのように思えるようになった。

リベラルアーツはＯＳを育てる

教養書や古典を読む意味は、現代社会の学校教育で引かれた境界線を乗り越えていくことができることにある、と私は感じている。

高校に入るといきなり文系や理系に分かれたり、大学も学部を分けられたりする。しかし、リベラルアーツには、もともとそのような境界はない。数学も天文学も文学も、すべて含まれてくる。

社会はさまざまな効率性を求めることから、境界線を引き、効率性のために分業体制を作り、ベルトコンベアのように社会を回していくようになった。それは、チャップリンの映画『モダン・タイムス』で描かれた世界そのものである。

しかし、**人間は境界線を引き、効率性だけを求めて生きてはいけない。**家庭もあり、愛も必要で、精神性も問われ、仕事もある。全面的に生きるのである。だから、本来は自分の中で世界を再現したほうがいいのだ。

社会によって引かれた境界線が自分の中にインストールされてしまうのは、好ましいことではないのである。

自分の中で分断されたその境界線を消していく一番の方法は、自分自身で分野を超えた本を読むことである。超えた瞬間に境界線は消えていく。そうすると、自分の中ですべてが融合され、自分で判断や思考、決断ができるようになってくる。

一人のインテグリティになるのである。インテグリティ、高潔さ、誠実さを得るとは、そういうことだと私は思っている。

社会の圧力によって分野の境界線が勝手に引かれていることに気づき、全面的に生きるために本来の姿を取り戻す。全体的な自己を取り戻す手段として、武器として教養というものを使う。そう考えればいいのではないかと思っている。

そうすると、**教養を学ぶことは、生きる喜びになる。**昨日までは知らなかった世界に今、接しているということが楽しみに変わる。新しい分野に踏み込んでいくことが怖いことではなくなる。それを読めば、自分の世界が広がっていくという感覚がつかめる。

読書はそれを可能にする。自分の世界が、間接的な経験を通じて、どんどん拡張さ

れていく。リベラルアーツを学ぶことは、コンピュータでいえば、ＯＳを変えていくこと、あるいはアップグレードしていくことなのだ。リベラルアーツは、性能のいいＯＳをインストールしてくれる。リベラルアーツは、自分の中のＯＳを育てるのだ。

それによって、さまざまなアプリケーションに対応していくことができるようになる。ＯＳがいまひとつであれば、いいアプリケーションにも出会えない。そもそもＯＳがアプリケーションに対応していないのでは、話にならない。

リベラルアーツに接してきて感じるのは、全面的に人間として人生を満喫し、生き尽くす上で必要なことが網羅されているということである。

私は大学の教員だった時代もあるが、もし自分に子どもがいたら、アメリカのリベラルアーツのカレッジに学ばせたいと思う。区分けされた学問で点数を競ったり、必要に応じて理解するような教育ではなく、もっとリベラルに学ぶ。人を尊重する。課題を自分で決める。自分でプロジェクトを推し進める。

その意味で、慶應義塾大学の湘南藤沢キャンパスで教えることができたことは幸運だった。私は理解する学問ではなく、設計する学問が好きだったからである。湘南藤沢キャンパスの政策・メディア研究科は、設計する学問を教えるところだった。

世の中がこう動いているのだ、ということを理解するのではなく、世の中をこう動かしたい。その創造のために、設計に必要な情報としてこれを調べる、あれを調べる。手段として学問をするという感覚があった。

そうすると、すべての領域が関わってくるのである。ソーシャルビジネスをやりたい、クラウドファンディングに関わりたい、となれば、技術的な知識も必要だし、人を説得するための文章力も必要になるし、社会構造も知る必要があるし、ビジネススキームや資金調達の知識など、あらゆる知識が必要になってくる。

人間が何かの新しいプロジェクトを行うときには、いろいろなものが必要になるのだ。文系だから数学はいらない、などということにはならない。それを分業体制でやろうとするのが会社だが、それではいつまで経っても会社から出ることはできない。

人間がこれから自立的に生きていくという意味でも、リベラルアーツは学んだほうがいい。区分けを捨て、もっと自由に学んだほうがいい、それは間違いなく精神を豊かにしてくれる。

自己啓発書の８割は読まなくていい

ビジネス書をよく読むという人の中には、自己啓発書を好んで読む人も多い。それ自体、否定するものではないが、**私は自己啓発書の８割は読まなくてもいいと思っている。**同じことが繰り返し書かれているだけだからだ。

源流はエマソンの『**自己信頼**』。もしくはアドラーである。ナポレオン・ヒルの『**思考は現実化する**』もアドラーが源流になっている。そう考えると、エマソンやアドラーを読めばいいのだ。

その後に出ているさまざまな自己啓発本は、著者が少しだけバリエーションをつけているだけなのである。

もっといえば、ニーチェでいいし、ショーペンハウアーでいい。ただ、彼らの著書は哲学書になるので、アドラーくらいが一番わかりやすいかもしれない。

アドラーは子どもたちへの教育がライフワークだった。人間の人生をテーマに自己啓発書を作り上げた初めての人だと言える。初めて個人心理学を取り上げたのが、アドラーだからである。そこでほとんど完結している。

日本では『嫌われる勇気』がミリオンセラーになるなど、ようやく最近になってアドラーが注目されてきたが、気づいている人は30年前から気づいていた。そこで、公式を手にしていた。

また、もうひとつ**自己啓発書を読まなくてもいい理由は、文芸書にもその要素があるからである。そして、文芸書に比べれば、美しく書かれた自己啓発書は少ない。**

本を読むときには、内容に魅力を感じて読むのと、表現に魅力を感じて読むのと、両方がある。例えば、三島由紀夫を読むときには、内容ももちろんだが、表現の素晴らしさも求めて読む。

だが、大前研一の著書を読むときには美しい表現は期待しない。それは彼に求めるものではない。それよりも斬新な発想力や世の中を斬る能力、そういうところを感じるために読む。

ビジネス書の場合、重要なのはあくまで中身である。だから、表現を吟味する必要はない。機能性で読むのだ。機能をきちんと手に入れればいいだけの話である。

そしてビジネス書は、読んだままにせずに、実践する。リベラルアーツもそうだが、例えば会社の同僚が読んでいないものを読んでいればいるほど、違う文脈を手にしているということになる。

だから、それを自分の仕事に応用すればいい。そうすれば、企画が変わる。プレゼンが変わる。リベラルアーツは目の前の仕事から遠くにあるものだと思っている人も多いが、そうではない。遠回りに見えて、一番インパクトが強いのである。

時代的な背景として、農業時代があり、工業時代があり、情報時代がある。情報時代までは、例えば公認会計士や弁護士が役に立った。しかし、これからのクリエイティブ時代には、クリエイティブエコノミー、デザインエコノミー、スタイルエコノミー、エクスペリエンスエコノミーなど、新しい領域の共通項は、クリエイティビティなのである。

今までの再現の世界ではなく、創造の世界、切り拓いていくという世界だ。今ある情報は、グーグルで検索したら、すべて出てくるのである。

グーグルで検索して出てくるようなものでは、もう勝負できない。計算でも勝負できない。情報をいかに知るか、でも勝負できない。知識が増えても、知性の力は育たない。

ＡＩが人間についていけない領域は、知性なのだ。知識の量はＡＩのほうが多いし、検索も速い。

しかし、ＡＩには文脈は理解できない。だから、その状況に合わせた形で答えを導き出す能力は人間の脳にはかなわない。変数を考慮し、適切な変数を選択できるのが、人間の脳なのである。

そのためにも、知性を身につけないといけない。知性をさらに実践につなげると智恵になる。先にも書いたように、知識は食材であり、知性がレシピで、実際にやけどしながらも作っていく中で身につくものが智恵である。

この区別では、智恵に近づくほど高次元になる。ところが、多くの人が知識のレベルで留まり、食材を集めて終わってしまっている。それは、食材をそのまま食べているようなものである。

これからの時代、自らの付加価値を高め、代替されない人間にならなければいけない。そのために求められるのは、智恵を導き出す力である。生き残るための思索である。

誰にでもできないこと、コンピュータができないこと、自分にしかできないことを身につけていくことだ。何かを作っていく能力、設計し、構築し、創造していく能力。さらには、想像し創造する能力。クリエイティビティとイマジネーションが重要になる。

ここで、リベラルアーツのOSは大いに活きてくるのである。

優れた著者から優れた著者を知る

読書は金脈を掘るのと同じ、石のかけらがほとんどの中で、いかにして金を見つけるかだ、とは先に書いたことだが、**本によっては、ほとんどすべてが金、というものもある。例えば、アメリカの社会哲学者、エリック・ホッファーの本はすべてがそうだと感じた。**

自伝的な『**波止場日記**』を読んで、その後すべての本を買った。ホッファーは、7歳のときに母親とともに階段から落ちたことが原因で視力を失い、母親は亡くなった。しかし、何年後かに視力が戻った。また目が見えなくなるかもしれないという恐怖の中で、必死に本を読み、勉強した。

一方で、沖仲仕《おきなかし》（港湾労働者）や季節労働者でもあった。肉体労働をしながら一人で暮らした。孤独な人だった。しかし、最終的にはカリフォルニア大学バークレー校で講義を持っていた。社会的な本質を鋭く見抜いた人だった。

社会評論、自己啓発など、社会と人間、個人との関係性を描いた本が中心だが、翻訳もすばらしい。**人間の深層心理を読む力には、どきりとさせられる。「情熱というものは若者の逃げ道である」とずばっと指摘する。**

これは情熱を否定しているのではない。自分に対する劣等感があるから、人間は情熱を持つ。その情熱があるからこそ、人間は自分の今の能力ではたどりつけないところまで挑戦をしようとする。これは、若者の特権である。

これが大人になると、冷静に物事を眺めようとする。高いところから判断しようとする。だから、イノベーションは起こせないのだ。こういうことが、ずばりと書かれている。

何より、ホッファーは生き方が素晴らしい。肉体労働をして、休みの日にみんなとビールを飲んだりしているときに、小さなメモ帳にメモを取っていったという。ずっと貧しく生きた人だった。

「100分で3回読む」読書法を推奨している本書だが、こういう本に出会ったら、そうはいかなくなる。時間のかけ方も、エネルギーのかけ方も変わる。**パラパラめくったときに、普通の本ではないと気づいたら、力の入れ方を変えればいい。**

そして、こういう本との出会いが、何よりうれしい。人生の友に出会ったような気になる。**単なる知り合いではなく、大親友になれるような本。ずっと吟味できる本。一生ずっと付き合いたい名誉の殿堂入りの本。そういう本との出会いは、本当にうれしい。**

ただ、自分との相性は意外に難しい。著者の生き方、表現、内容、さらに自分の今の状況など、さまざまなコンビネーションが問われる。だからこそ、すべてがマッチした本に出会えると心が躍る。

私がホッファーを知ったのは、松岡正剛《せいごう》の文章からだった。彼がホッファーの本をレビューしていて、興味を持ったのだ。

素敵な人は、素敵な人を紹介してくれる。まわりに素敵な人がたくさんいるからだ。同じように素敵な本を書いている人は、素敵な本を教えてくれる。その著者が紹介してくれるものは、間違いなく素敵な本なのだ。

本はネットでいくらでも探すことができる。エリック・ホッファーという名前を知っていれば、そこに関連する名著も探すことができる。しかし、エリック・ホッファーを知らなければ、その検索はできない。

ネットには無数の情報があるが、そこから何を抽出するかは、キーワード次第なのである。そのキーワードを知らなければ、検索はできない。

だから、優れた著者を知っている意義は大きい。**優れた著者が、優れた著者を教えてくれるのだ。私の中で、松岡正剛は間違いなくその一人だった。**岩波文庫を読み続けていた私は、彼によって書かれているものを見て、この人は本当に分かっている人だと直感で感じた。

そして1000日以上にわたって、本を紹介し続けていることも知った。天才は習慣で作られるとはすでに書いたことだが、まさに日々の努力によって天才は生まれていた。これだけの博識の人が、今なお学び続けていることにも畏敬の念を持った。

しかも、1日1冊のレビューが、私の知識の枠を超えていた。そして、彼以外に本物の発信をしている人が見当たらなかった。

優れた著者は、やはり優れた著者を教えてくれるのである。

街の本屋で買おう。試行錯誤しよう

私は本は書店で買うことを推奨している。理由は二つあって、ひとつは書店という文化を守ること。この責務は読者にあると思っているからだ。

ネット上で売られているものを自分が買うことによって街の書店は姿を消していくことになる。それは、文化が失われていくことを意味する。

ここでは効率や便利さは追求せず、多少不便でちょっと時間がかかっても、書店に出向いて本を買いたい。**本という文化を守り抜くという意味でも、できれば書店で買う。**しかも、定期的に出向いて買うという習慣を身につけることが大事だと思う。

もちろん文化的な側面以外にも、書店で本を買う魅力がある。本というものが物体として人間にとって大きな存在だということだ。触れながら買うことに意味があるということである。

電子書籍をダウンロードして自分の子どもたちに残すのと、書き込んだり線を引いたりしたものを残すのでは、子どもが受け継いだときの気持ちはまるで違うと思う。

これは、私自身がその実体験をしている。

もうひとつの理由は、書店に行くことは旅に近いものがあると私は感じている。セレンディピティである。偶然の出会いが待っているということだ。

ネットで見られる情報と、本屋で拾い読みをしながら歩きながら見る情報というのは、違う。ピンポイントで買うにはネットはとても便利だが、偶然なる出会い、心がたまたまちょっと響いたというチャンスを与えてくれるのは、やはり書店だと思う。だから、書店には目的なしで行っていいと私は思っている。ふらふらと歩く中で自分に響くものと出会うことができる。ネット検索では探せないような出会いというものが、書店にはある。

それこそ人生の中では、ピンポイントで紹介してもらった人以上に、何気ない偶然の出会いがきっかけになって、かけがえのない人になっていくことは、意外に多い。

本もそういう出会いとかなり似ている気がする。だから、**目的なしに書店に行く、ということそのものを目的にする。そこで時間を過ごすことで、自然と自分に合う本と出会うことができる。**

私自身、それを裏切られたことはない。だから、今も書店に行くことは習慣になっている。週に何度も足を運び、時には1日に何度も足を運ぶ。同じ書店で同じ棚を一周する。

面白いことに、同じ景色を見ていても、書店の中で自分がその日に目につくものは違っていたりする。

だから、リアル書店が近くにあることは、とても幸せなことである。ただ買うために行くのではなく、行くだけで何か発見があり、心が豊かになれる気がする。

私がよく行くのは、教養の本が多い東京・六本木、代官山の蔦屋書店だが、**カテゴリー自体にクリエイティブさがある。**そういう文脈を作って展示をしているのが、この書店の魅力だ。また、文脈を作ることが上手である。

ビジネス、文芸、自己啓発といったカテゴリーは、人間の思考を構造化させてしまうものだが、そのカテゴリーを組み直した展示をしている。それは、人間の思考を開放させる。そんなクリエイティブさを感じる。

しかも、コーナーが一カ月ごとに入れ替わったりする。三島由紀夫特集だったり、ドナルド・キーンが見た日本だったり、昭和史だったり。**同じ本も、異なる文脈で置かれていると興味を惹かれる。**また、こんなものもあったんだ、と自分の視線を向けさせてくれる。

巨大な敷地を有する大型の書店にも行く。カテゴリー自体はあまり変わらないが、本の配置はどんどん変わっていく。だから、ひたすら歩き回って、放浪する。買いたい本を探すというよりも、ただ本を眺めていく。それだけで幸せな気分になる。

時には催し物もある。本を並べる人たちの思いを、ちょっとだけ受け取ろうと考えてみる。ああ、こういうものを今は特集にしているのか、こんな並べ方をするのか、こういうところを見るのか、こんなキーワードを選ぶのか、といった学びにもなる。

どうすれば、いい本を選べるようになりますか、と聞かれることがあるが、**選書力は試行錯誤でしか身につかない。**そのためにも、書店に行くことである。

エネルギーであり、励ましであり、アイディアである言葉

本を読むときには、言葉を味わってほしいと思う。言葉は自分の考えていることを表現する手段だが、言葉自体がエネルギーを発しているからだ。

言葉はエネルギーそのものである。良いエネルギーの言葉に触れると力をもらえ、

悪いエネルギーの言葉に触れると力を奪われる。だから、触れる言葉、読む言葉、話す言葉、書く言葉を慎重に選別することを心がけたほうがいい。

言葉に対する感度を高めていくということだ。言葉は自分にとって、ひとつの環境であり、ひとつの世界である。自分が触れ合っている言葉がおかしな言葉であれば、自分の言葉もおかしくなっていく。触れ合っている言葉の質が低いと、自分の質も低くなる。

自分の質が高くなくても、触れ合っている言葉の質が高いと、時間とともに自分の質も高くなっていく。だから、読むときも話すときも聞くときも書くときも、**自分がどんな言葉を吸収し、どんな言葉を吐き出しているのかに、気を配ったほうがいい。これが、その人の思考や人生、未来を決めるからである。**

言葉は想像以上に心身、感情と思考に大きな影響を与える。**いい言葉、美しい言葉、本質的な言葉に触れ合う環境を自分で意図的に作っていったほうがいい。**

そのために最大の起点になるのは、やはり読書なのである。自分が普段、触れ合っている家族や同僚、友人たちの言葉は、自分ではコントロールできない。自分で言葉のセンスを高めていくには、読んで書き、そして話していくしかない。

自分の思考は、言葉で決まっていく。言葉の影響力は大きい。だから、クーデターが起こると、反体制側は必ず放送局や新聞社などメディアを先に掌握する。そのくらい、人間の現実認識において言葉は大きな影響を与えるのである。

言葉を操るところを掌握すれば、人々の認識を作り替えることができる。歪んだ現実があったとしても、人間は言葉でしか確認ができない。

触れ合っている言葉は、このくらい自分の現実認識において、大きな影響を与える。場合によっては、自分の望むことへの可能性に関しても影響を与える。その言葉によって可能性がつぶされたり、活かされたりする部分が出てくる。

特にネット時代は、ショーペンハウアーが最も心配していたことが現実になる時代でもある。他人の頭で考えたものが、次々に流れ込んできてしまうからだ。それこそが、ネット情報なのである。

それをきちんと自分で吟味することができるなら別だが、流れてくるものをすべて受けているだけでは危ない。**安直な言葉のシャワーを浴び続けていたら、知のレベルは上がっていかない。**

そして、情報の量と思考の能力は、完全には比例しないのだということも認識しておく必要がある。一定の情報量があったほうが、思考の能力を高める上でプラスにはなるかもしれないが、本末転倒になる可能性もある。

そこに気づけば、むしろ立ち止まることも大事になる。ネット情報を遠ざける、読むべきでない本を遠ざける、たくさん読むけれど、いい本を読んでいく、というバランスを意識しないといけない。

言葉は不完全なものである。その一方で、有効なものでもある。したがって大事なことは、言葉を使うときも、言葉を受け取るときも、これは不完全である、という前提で話をすることである。

そして自分が話をするときには、その言葉の中に心を込めないといけない。思いを込めないといけない。その思いも含めて相手に伝わってほしいと私は思っている。

相手から言葉を受け取る際も、**言葉を額面通りに受け取るのではなく、その言葉の中に込められた相手の思い、言葉として表現し切れなかった相手の思いまで受け取るくらいの気持ちでいないといけない。**

初対面では、相手の言葉だけではなく、相手の心の中を見ようとしなくてはいけない。言葉の有用性、有効性を理解しつつ、その不完全さも理解する。言葉を過信してはいけない。

それが言葉に対する姿勢だと思っている。そうすると、言葉に惑わされずに済む。言葉を通じて、たくさんの学びを、気づきを得ることができる。

親が本を読んでいると、子どもも読む

大学で教えていたこともあり、子育ての悩みを相談されることがときどきある。そんなとき私が申し上げるのは、**親が見本になるのが一番だということである。**

優秀な成績を残す人や、成果を上げている人たちを見ていて感じるのは、本をよく読んでいるということである。しかも、赤ちゃんの頃から数え切れないくらいの絵本を読み聞かせてもらったりしている人が多い。

子どもが文字を読めないときには、親が読んであげる。読み聞かせてあげる。これによって、子どもは文字が好きになる。文字なしには生きていけないくらいになる。これも読んで、あれも読んで、次も読んで、という子どもになる。

文字に対する感度が高まると、勉強が苦にならなくなる。勉強しなければいけな

い、ということではなく、勉強することが当たり前になる。常に文字と向き合っていないと、居心地が悪いくらいの状態になっていく。

ただし、できる人たちはみんな本を読んでいるからと、子どもに本を読め、などと言ってはいけない。そこはぐっと飲み込んで、**親が自分で本を読む。それができたとき、子どもも本を読むようになる。**

そういう家庭で育った子は、本を読むことが習慣化する。何度も書いているが、習慣というのは、努力もエネルギーもまったくいらない最高の成功への近道なのだ。

子どもの習慣を作るのは、親の習慣なのである。親の習慣は、子どもにすべてコピーされるのだ。何より、**本を読んでいる親に対して、悪い感情を抱く子どもはいない。**

本を読めば教養も身につくし、知識も増える。子どもも読んだら、子どもと会話をするときに、どうでもいいような世間話ではなく、ちゃんとした対話ができるようになる。そういう話が食事の場で出てくるようになる。

本で学んだ人間力が、いろいろな場で発揮されるようになる。それが最高の教育だと思うのである。

先にも書いたように、私は父親の記憶はないが、父が残した本だけはたくさんあった。本を読む人だったことはわかった。そして、本にたくさんのメッセージを残してくれていた。なるほど、こんな字を書くのか、ということも知った。

なぜか、専門でもないのに東洋美術や西洋美術の本が多かった。美術の歴史が好きだったようである。私は美術の才能はまったくなかったが、そうした本があることで、どこかで芸術に関わりを持つのではないかと思っていた。

30歳くらいまで芸術を楽しんだことは一度もなかったが、芸術に縁があるのだろう、いつか理解できるだろうと思っていた。それは、父親の影響だと思う。

彼が本を読んでいる姿は見ていないが、こういう本を選び、こういうところに線を引き、こういうものを書き込んでいるということで、私に背中を見せたということだと思う。

それは私にとってはエネルギーだった。内容は何ひとつ覚えていないが、エネルギーを感じた。本を身近に置いたこと、専門以外の本を読んでいたこと、文学全集を買っていたこと……。私は過去を振り返らない。子どもの頃の写真もすべて捨ててしまった。しかし、それでも父をしっかり感じている。

本をプレゼントする習慣をつける

習慣といえばもうひとつ、これは私にもあるのだが、**本をプレゼントすることを習慣にするといいと思う。**それは偉人を紹介することと同じ。生涯の親友や教師を紹介することと同じである。

本はとてもコスパがいいプレゼントである。自分がいい本と出会って、それをプレゼントしたとき、果てしない効果を生むことがある。実は絶望して苦しんでいた誰かを救い出す可能性もある。

自分で人にアドバイスをするというのは、簡単なことではない。押しつけがましさも出る。しかし、本ならそうはならない。そして**その本が、その人の人生を変えるきっかけになることもある。**

日本では、本をプレゼントしてもらったことがある人はほとんどいないようである。大人が手紙をもらうことがめったにないのと同じである。だから、本をプレゼントする価値が出る。

偉人の中から最も素敵な人を選んで、その人に適した人を紹介するのと同じことだ。その本を読むたびに自分のことを思い出してくれるはずである。また、会ったときには、その本について語り合うこともできる。ひとつの世界観をプレゼントするということである。

それがたった千数百円でできるのだ。**自分にとっては、千数百円かもしれないけれど、相手にとっては100万円を超える価値を持つ本になるかもしれない。**人生を変えてしまうかもしれない。それが、本なのである。

以前、40人を集めたアカデミーを開催していたとき、家にある自分が一番好きな本を1冊ずつ持ってきて、プレゼントしよう、という取り組みをした。書き込みが入っていても構わない。

そして、アカデミーの終了後、自分が持ってきた本以外の、誰かが持ってきた本を1冊、持って帰る。これが、とても好評だった。参加者はとても喜んでいた。特に、線が入ったりしていることを面白がっていた。

私はむしろ、ちゃんと読んで、線が引かれた本を渡したほうがいい、くらいに思っている。線が引かれていることは、他人にとっても、とても大きな意味を持つのだ。

ときどき人に会ったときに、**どんな本を読んでいるかを聞かれて、そのままプレゼントすることがある。そういうときに一番喜ばれるのは、線が引かれ、メモが書かれた本である。**それは私が作家だから、ということもあると思うが、何より新鮮なのだと思う。

何冊もプレゼントした本がひとつある。**『あたしの一生　猫のダルシーの物語』**。これは、猫を主人公にした、20年くらい前のアメリカの本である。

猫と暮らしてきたが十数年で死んでしまった。飼い主は悲しい。その人は作家だった。そこで、自分が猫になって猫の一生を小説にすることにした。

ペットショップのガラスケースの向こうに、飼い主が現れるところから物語は始まる。飼い主はいろんな猫を持ち上げていき、私を見る。私は視線を返す。ニャーンとしか言えないが、私を選んで、と思っていたのだ。翌週、引き取りに来てくれ、どんなに幸せだったか……。

といった具合の話なのだが、まえがきが秀逸である。自分が死んで、さぞや悲しんでいるだろう、という飼い主へのメッセージが綴られているのだ。これが心打たれる。

私はよくこの本を持ち歩き、猫にまつわる記憶のある人にプレゼントした。とても喜ばれた。癒やされたと言われたし、元気がもらえたと言われた。

その人に合いそうなプレゼントができると、こういうことが起こる。だから、できるだけ選んであげるといい。ちょっと配慮してあげるといい。その人に合った選書をしてあげると、**その人にとっては、本当にかけがえのない、人生の道しるべになることもある。**

だから、**本のプレゼントを習慣にすると、人間関係が本質的に良くなる。**温かいものになる。ところが日本人は、善意がないからではなく、こういうところで遠慮してしまうようである。だから、習慣になっていない。

ちなみに韓国では、本の最初に「Dear」と書かれたページがある。みんなにプレゼントしてもらうために、である。もちろん自分へのプレゼント、でも構わない。

同じ本を読むと仲間意識も生まれる。同じ世界を体験し、同じ国を同じ素敵な街を旅したようなものである。同じ地を旅していると、話をしても盛り上がる。

だから、本をプレゼントすることは、旅のチケットを贈るようなものかもしれない。自分が行って素敵だと思った美術館のチケットを渡すようなものかもしれない。

今の日本では、本を贈る人は少ない。その意味ではチャンスかもしれない。**自分が**

起点となって、誰かに対して自分が読んで素敵だと思った本を贈り合うような習慣をこれから作っていく。とても素敵なことだと思う。

プラダのバッグには詩集を

私は人と待ち合わせすることが、まったく苦にならない。待ち合わせに遅れてくる人がいても、イライラすることはない。むしろ、**その時間だけ本が読めてうれしい、**と思ってしまう。

それこそ30分も遅れてこられたりすると、読書がはかどるのだ。どんどん線を引いて、どんどんメモをして、なんてことがよくある。

ちょっとした時間を見つけたら読書ができる、メモができる、書き込めるということになると、無駄になる時間はまったくなくなる。すべての時間が有効に使えるようになる。

時間が余れば、どこに行ってもトイレに行っても、本が読めるんだ、ということが最優先の喜びになる。読書が人生の味方になってくれる。

だから、出かけるときにも必ず本を持って出かける。私の場合は、複数の本を持っていく。ちょっとライトなものも入れておく。例えば、ビジネス書なら項目で分割されて、数十の項目に分かれているもの。

そういうものは、より短い時間で読むことができる。逆に、文脈が密接につながっているものは、ある程度まとまった時間をかけないと効率が良くない。「2回目」読みが途中で途切れてしまうと、戻るのがけっこう大変だったりする。

だから、自分の集中できる時間と、集中するのにノイズがどれくらいあるかによって、どの本を読むかを決める。ライトに読めるものにするか、深く読んだほうがいいものにするか、決める。多くの場合、両方の2冊を持って出かけるようにしている。

女性には、バッグに詩集を1冊入れておきなさい、とよくアドバイスする。自分磨きをしようと常に考えている女性は多い。それは、素晴らしいことだと思う。ただ、外見を磨くだけが自分磨きではないことを知っておく必要がある。

実は、より大事なことは、内面を磨くこと。精神を磨くことだからである。これは私の持論だが、**女性にとって有効なのは、恋愛には女子力、結婚には人間力だと思う。**女子力を磨くこともちろん有効。それは、男性にモテるためには大いに役に立つ。しかし、それだけでは実は男性は結婚しようとは思わない。どんなにかわいくてセクシーでも、付き合うにはいいけれど、結婚は別。結婚をするときには、男性は違う視点で見るからだ。

例えば、将来生まれる子どもから見たときにどうか。自分の母親から見たときにどうか。まわりの友人から見たときにどうか。いろんな観点から見たとき、**重要になるのは女子力ではなく、人間力であることに気づくようになる。**

バッグに入っているのが、高級化粧品であることも大事かもしれないが、そこにチラリとリルケの詩集が垣間見えていたりしたらどうか。もし、詩集を読み慣れていないなら、格好を付けるためだけでもいい。そこからスタートすればいい。

それこそ、不慮の事故に遭ったとき、バッグの中に何が入っているかは、その人の人となりを示すものになる。そんなことも意識してもいいかもしれない。とにかく、私は**詩集を１冊、バッグに入れて、ぜひ読んでみてほしいのである。**

詩集は軽いので、負担にならない。文章も短い。散文を読めばいいので、いつでもどこでも取り出してさっと読める。

しかも、正解が書いてあるわけではない。味わうことができる。余韻が残る。それを読んで自分がどう感じるか、こそが問われる。感性を忘れないように、という自戒の念も生まれる。

そして最大のポイントは、**詩集をバッグに入れているだけで、気持ちが変わる**ことである。お気に入りの香水をつけているのと同じだ。それだけで、気持ちが上がるのである。

ぜひ持ってほしいし、持たない理由はないと思う。高級バッグを持つのもいいけれど、ぜひ中身にもこだわってほしい。とても素敵な習慣になると思う。

フランス人のいい年のとり方をする女性は、きっとそういう生き方をしているのだと思う。

これはもちろん、男性も同じだ。男性なら、三島由紀夫の『葉隠入門』だろうか。もちろん詩集も、お勧めである。

第5章

「野性的」に読む。本と向き合い徹底的に「汚す」ことを意識する

「3回目」はメモを書き込みながらの「メモ読書」

「100分で3回読む」読書法、10分の「1回目」全読み・スキーミング読み、50分の「2回目」本読みに次いで、**「3回目」は40分の「深読み」**である。

スキーミング読みで構造を把握し、本読みで全体像を把握し、「3回目」ではより深く読んでいく。本も三度、読んでいくと、構造が頭の中に刻まれる。一度ではできなかった理解ができるようになる。

人も三度会えば、相手に対する理解度は大きく増す。お店も三度行くと、すっかり馴染める。ある場所、ある都市に三度行けば、一度目ではありえないほどに土地勘がついている自分に出会える。

三度会った人や、三度行った店、三度行った場所、三度観た映画については言語化しやすくなるのと同様、本を三度読み、構造を把握できると、本について語れるようになる。

そのためにも、**「3回目」は、引いていくマーカーの色を変えたい。**「2回目」で重要なところを黄色く塗っていったが、まずはそこを重点的に読む。その中で、**特に重要だと思うところに、赤（ピンク）のマーカーを引いていく。**

これを「3回目」の**「深読み」40分のうち、10分を使って完了させる。**これは「1回目」「2回目」も同様だが、頭の中では、常に時間配分を考えておかなければいけない。マラソンを走るときと同じだ。

40分のうちの最初の10分間はそれに充て、**「3回目」で赤くマーキングしたところを中心に、残りの30分を使って読んでいく。**読んでいくというより、書いていく。これは大事だという内容を、別のペンで本にメモしていくのだ。

まずは写し書き。読書ノートに書き込むように大事なことを本にじかに書いていく。言ってみれば、写経だと思っていい。同じ内容で構わないので、ページ内の空いた白いスペースにメモを書き込んでいくのだ。

加えて、ここは大事だ、というページに、自分の感じたこと、思ったこと、浮かんだことなどを書き込んでいく。メモを入れていく。これは、著者と共著を作る作業に似ている。こうすることで、ただ著者から情報を受け取るだけではなく、**著者と一緒に考えを深めていく、**そういう読書にしていくことができる。

書き込む内容は何でも構わない。抜き書き、言い換え、それに対する自分の意見、著者への質問もあってもいい。

本を読むときには、必ずアウトプットをするのだ。わざわざ読書ノートにまとめなくても、こんなふうに本にそのままアウトプットをしていけばいい。

アウトプットこそが、最強のインプットである。自分が本の内容を踏まえてメモを書いたとき、初めて自分の中に入ったことになると私は考えている。

なぜかといえば、理解しないと反応はできないからである。理解した上で、さらにそれを表現していくことになるので、理解は完全に自分のものになる。人間は教えるときに初めて、自分が学んだことが完成するのだ。

「3回目」のポイントは、ずばり汚しながら読むことである。日本人は本を汚すことに抵抗感を持っている人も多いが、私は**本を汚しながら読むことこそ、著者に対する礼儀**だと思っている。著者の考えを自分の中に入れ、著者と対話していくことこそ、著者が求めていることだと思うからだ。だから、メモを入れて汚していく。

それは、私の父が本に残したように、家族への遺産にもなる。何より、私自身の生きた証、未来への手紙、成長の軌跡になる。エリック・ホッファーの本もそうだが、私は大事な本には自分のサインとともに電話番号も記している。万が一、紛失したときのためである。

「3回目」が終わったとき、本を眺めてみると、構造理解があり、「2回目」に引いた黄色のマーカーがあり、「3回目」に引いた赤のマーカーがあり、自分のメモ書きや写経が本には刻まれることになる。

これで「100分で3回読む」読書は完成する。本を改めてめくってみたとき、その本が自分のものになった実感が湧くようになる。単なる読書、単に知識を得ただけの読書とは、まるで違う手応えが得られるようになる。

本当に良書だと思えば、「4回目」「5回目」読みをしてもいい。そうすれば、さらに理解は深まる。

また、**その本を再度読み返した時に、過去に自分が引いたマーカーやメモが、そのときの自分にまた大きなインスピレーションを与えてくれる。**

読むだけだと確実に忘れる

せっかく読書をしたのに、読んだことをほとんど忘れてしまっている——そんな悩みを抱えている人は、実は少なくない。しかし、人間は忘れる生き物である。ただ読んでいるだけでは忘れてしまう。何度も書くが、**記憶力を過信してはいけない**のである。

だからこそ、違う読み方をしないといけない。3回読むこともそうだし、構造を理解して読むこともそう。そして**何より大事なことは、手を動かしてメモしていくということだ。**

自分が覚えたいものがあれば、私は手を一度動かすようにしてきた。身体を動かすという行為を人間はあまり意識はしないが、脳が一度命令しているのである。

脳が文字にせよ、手を動かせ、と指令を出したということは、脳に一度、インプットされているのである。そして、手を動かしているからこそ、脳へのインプットの性能を高める。頭の中で完結させるのではなく、一度、手を動かして脳から指令を出すことの意味は大きい。頭の中で覚えるのではなく、身体も動かし、さらにそれを見ることにもなるからだ。

一瞬の出来事ではあるが、記憶力においては何度も行ったり来たり、行ったり来たりするのである。こうすることで、頭の中のニューロンのリンクは太くなり、忘れにくくなっていく。

ただ読むだけではなく、メモを取り、手を動かすことは、後からそれを見て読み返せる、という以前の問題として大きな効果があると私は考えている。別のメモ帳やノートにまとめることをしなくても、**本にじかにメモを書いていくことで記憶力は高まるのである。**

私が記憶力を過信しなくなったのは、メモに目覚めてからである。例えば、何かをやっているとき、次に何かをやらないといけない、ああこれはいいアイディアだ、と思い浮かんでも、ほんのちょっと別のことを考えただけで、そのことを忘れてしまうことはよくある。

それを思い出すのに時間がかかり、毎回、自分に裏切られたような気がしていた。

だが、思いついたときにメモをしておけば、忘れないのである。１行の単語、記号、文字でもヒントになるものがあれば、忘れない。

なのに、その手間を惜しむと、やはり忘れてしまうのだ。そして、消えたものは、なかなか出てこない。思いついたときに、**きちんと刻み込んでおかないと、羽根がついているようにすべて飛んでいってしまうのである。**

それを繰り返して、私はメモの力に目覚めた。ちゃんとメモを取る。そうすれば、後から戻れる。一度しか頭の中をよぎらないこともある。よぎったときにメモをしておかないと永遠によぎってくれないこともあるのだ。

アイディアが降りてくるときというのは、極めて限られたタイミングなのである。だから、いつでもメモができるような態勢でいなければいけない。もしかすると、自分の人生を大きく変えてしまうもの、人生で最も大切なものを見逃してしまうこともあるからである。

そう考えれば、記憶力を過信してはいけないと思った。記憶力は他の人よりもあるかもしれない、と思っていても、**記憶力はない、と思うくらいがいいと思った。**

実は、メモを取るようになったのは、韓国で日本語の勉強を始めた頃からである。書くことで忘れにくくなる、ということも、このときに改めて学んだ。

だから私の読書では、ペンを必ず手に持っている。ただ、本と向き合って読み進めていく、ということはまずない。メモをするためのペンを手に、没入して読み進めていく。そして、「3回目」で赤マーカーを引いた後は、どんどんメモを書いていく。

今はやっていないが、一時は太字のボールペンを1日で1本、使い切ることを目標にしていた時期がある。とにかくメモをし、脳から指令を出し、手を使って再び脳に刻み込んでいこうと考えた。

ボールペンを1日1本使い切るなんて、と感じる人もいるかもしれないが、実は太いボールペンなら、それは可能である。どんどんインクがなくなっていくからだ。そうやって**インクが減っていくことも楽しみ、それをモチベーションにしながら、私は本を読んでいった。**

本にどんどんメモを書き込んで、ボールペンの減りを気にしながら読んでいく。そんな読書があっていい。

メモを取るという意味

私は旅行に行くとき、ガイドブックを読まない。ガイドブックに書かれていることは、過去の人の感覚である。その感覚で旅行の先取りをしたくない。そこへ行ってどうだったか、ということは、自分で感じたいのである。

だから、先にも少し触れたように**自分で手書きの地図を描く。手で描かないと頭に地図は入っていかないから**である。ここでも、自分の記憶力をあてにしない。自分は何もできない、という前提でスタートする。

だが、地図もそうだし、メモもそうだが、実は記憶力を高められるということの他に、自分の手を使って書いていくことにはもうひとつ利点がある。それは、**手で書くことによって一度、自分の中で客観化ができる**ということだ。

本を読んでいるときは、どうしても主観的になる。それは、著者によって書かれているものを頭の中で読むことになるからである。しかし、手で書き、それが目に見えたとき、初めて客観視できる。

悩みや不安があるときは、文字にすればいい、文章にしてみるといい、あるいは人に相談してみるといい、とはよく言われることだが、それは視覚化や聴覚化で客観化できるからである。

ああ、自分はこんなことで悩んだり、不安を持っていたのかと、客観的に眺めることができ、平常心に戻っていきやすいからである。

人間は、客観視することが極めて重要なのだ。**自分と距離を作ることによって、人間は正常な判断ができる。**そのためにも、ちゃんと自分の身体を動かして、自分の目で見る。そうすることで、客観的に刻まれ、自分だけの地図を作ることができる。

言ってみれば、アナログな取り組みである。しかし、アナログな取り組みだからこそ、体感、実感をすることができる。

これは本に限らずだが、私はポストカードに言葉をメモしていくことがよくある。100円ショップで買った50枚100円のポストカードを常に携帯していて、そこに気になったこと、思いついたこと、本を読んで最も印象に残った言葉、美しい表現などを大きく書いていくのだ。

ノートに書いてもいいのかもしれないが、比較的厚い大きな紙に贅沢に文字を書いていけるのが、私には魅力である。しかも、たくさん書かない。例えば、「本質はシンプルで、現象は複雑」などと1行で書く。

本の見出しを書くような感覚で、ことあるごとにポストカードを取り出して書いていく。1日に数十枚、書いてしまうこともある。100枚使い切ってしまうと、並べて眺めたりする。そこから、いろいろなアイディアが浮かんだりする。

ノートではなく、ポストカードに書くのは、空間的な制約から自分の言葉や表現、文章を開放させたいと考えているからである。よく、英単語はノートではなく、カードのほうが覚えやすいと聞くが、それはカードで書くと空間から飛んでくるからだと私は思っている。そこに集中できるようになるのである。

多いときには、1日100枚、ポストカードを使い切ってしまう。これで1カ月、3000枚のメモを書くことになる。それをすべて並べて、グルーピングをし、文脈を作っていく。文脈を作る作業は、束ねることでできる。カードにメモする魅力である。

ただ、カードを取っておくことはしない。使い終えれば、捨ててしまう。一度、書くことによって、すでに意識化されているからである。人間の無意識をあなどってはいけない。意識化されれば、きちんと一度はインプットされているのだ。

本を読んで読書ノートを作るのもいい。しかし、こんなふうに本も含めて、**さまざまな場面からインスピレーションを受けたら、どんどん言葉をメモしていくだけでも、大きな価値を生む**と私は考えている。

そして、カードに思い浮かんだ言葉を刻んでいく時間は、とても楽しい。

情報力があるだけでは使い物にならない

思考力についても触れてきたが、**私は書くことによってこそ、思考は完成すると考えている**。そして、書くという行為は最も難しい。書くことには逃げ場がない。本を作るときには編集という作業が必要になるのは、そのためである。

だから、１冊になって世に送り出されている本の中に書かれている文章は、実はとても完成度が高い。

ランダムで即興的に語られる言葉には、臨場感がある。それに対して、本の中で書かれている言葉は、著者・編集者含めていろんな人たちが協業する中で、最終的に結晶化されたものしか書かれていない。いい本は特にそうである。

また、**著者によっては命を賭けて、人生を賭けて本を書いている。**その言葉を、自分の中に取り入れることができるのである。

逆にいえば、自分が書いて人に感銘を与えたり、本質的なものを書いていくには、本当の意味での思考力が問われる。そして、その思考を表現する表現力も問われる。だから、書くことはとても難しいのである。

過去の偉人たちがそこまでの神経を注いで書いたものを、すぐに読めてしまうというのは、本当に贅沢なことだと思う。また、自分の人生のためにもなる。そこに気づけば、本に対する姿勢が変わってくる。緊張感が変わってくる。

語ることは、誰にでもできるのだ。だが、それを書き上げることは簡単なことではない。書くことは直線的なロジックなしにはできない。会話はロジックを飛ばすことができるが、文章にはそれができない。明確な文脈のつながりがないといけないし、ロジックを飛ばしたり、主旨からずれたりすることができない。逃げ場のない自分の思考力が、晒《さら》される場なのだ。その難しい挑戦をした結果、本になっていると思えば、それは敬意を表すべきことだということがわかる。

だからこそ自分で書くことの価値にも気づける。メモを書くことも同様だ。私の中では、次々と生まれてくる羽根を持ったいろいろな思考を、自分の中に刻み込む印象がある。

自分の記憶やインスピレーションはフワフワとしたものだが、それを書いていくことで、自分の中に明確に刻み込むことができる。自分のものにした感じがある。

そして、読んだものと考えたものをパッとひとつの文字に、文章にできた瞬間に、これは自分で料理ができたという感覚になれる。だからこそ、本を読んで文字にする。文章にする。単なるインプットではなく、アウトプットしていく。

インプットのためのインプットをやってしまうと、絶対にアウトプットにはつながらない。だから**アウトプットを意識しながら読むことが大事**になる。メモをしていくことが必要になる。

ペンは100円あれば買える。本にメモをすることは、いくらでもできるのに、それをしないのは、テレビをぼんやりと眺めているのと同じである。

テレビと本の違いは、テレビは冷めた目で流せてしまえることである。情報処理として見てしまえる。

しかし、本は違う。**著者は読者に向き合う姿勢で真剣に書いている。**表面的なコンテンツではなく、魂が込められている。だから、ちゃんとした姿勢で読まないといけない。

そして**書かれているものについては、自分に対するメッセージだと捉える。それを可視化するために書き込む。**思考を言葉にすることで完成させる。

言葉にできないものは、まだ思考になっていない。言葉にできて初めて完成する。書くことで、自分の考えたものは可視化され、結晶化される。

書く能力が高い人は、考えている人である。しゃべりは上手だが、書くことはできない人は、そこまで思考が尖鋭化されていない。精緻化されていない。

その人の思考能力がどれくらいなのかは、その人にしゃべらせただけではわからない。見抜く人は見抜くと思うが、書かせるとそこは容赦なくわかる。

だから、**書かないといけない。メモを書き込んでいかないといけない。それは思考力を高めるトレーニングにもなる**のだ。

余白は新たな思索の空間

本には余白がある。私は、余白は新たな思索の空間だと思っている。余白はあなたを待っている。あなたの書き込みを待っている。

多くの人が、本の余白について、考えていない。デザイン上の都合、ページの都合だと考えている。本を読むときには、余白は当たり前にあるものと思っている。

しかし、余白は、あなたに書き込まれることを待っていると私は考えている。**著者が本という手紙を送ったのに対し、余白は言ってみれば、返信のための便箋なのである。**そう考えると、余白に書き込むことがデフォルトになる。

私はカードにもメモを書くが、それは本を読みながら、ではない。後からカードに思いついたことを書いていくだけだ。本を読みながら書いていくのは、本の余白に、である。どんどん自由に書いていく。余白がせっかくあるのだから、書き込まないともったいない。

実は、真っ白い何も書かれていない紙にメモをしていくのは、簡単なことではない。何もない状態でメモをしていくのは難しい。

しかし、**本には自分の思考を刺激してくれるようなスイッチがたくさんある**のだ。そこにある文章によって気づいたことを、その余白に書いていけばいい。その意味で、メモ帳として最高なのである。自分のメモをより促進し、助けてくれる。そんな役割がある。

本は、優れたメモ帳なのである。本に書かれていることは、自分の新しい思考と表現、メモのための手助けをしてくれるスイッチになるのである。スイッチを発見すれば、また書いていく、そんなメモ読書の機会にできる。

余白の持つ意味を考えてみる。例えば、岡倉天心の著書『茶の本』には、茶道や茶室が間を置くことや余白、余裕といったものを大事にしていることが書かれている。

茶室もそうだが、余白があるところに行くと、人間は想像力が広がる。雑多ではないからこそ、出てくるクリエイティビティがある。その意味では、本は茶室に似ている。

茶室の中に入って、自分の中に浮かぶいろんな感覚や感性、思想を、自分の想像で埋めていく。そんな場にできる。

余白がないと、人間は新しい発想はできない。本を読むときは、最初から余白を使い、自分の中に生まれた思考や感覚、感性を、文字として刻み込む感覚で読んでみることだ。

そしてメモは1行2行でいい。文章を写したり、印象や感想、疑問を書いたりするケースもあるが、そこから導き出され、触発されて自分で書くものは1行2行がいい。自分が思ったことをすべて書いてはいけない。それを1行にまとめる。伝えたいことが明確に決まっていれば、30秒でも話せるが、それがわからないと1時間しゃべっても伝わらないのと同じである。

本に書き込んだりメモをするときには、自分の中で本質を見極めて、それを凝縮、濃縮させながら文章を書いていく。これは、私の好みでもある。長い文章をダラダラと記述的に書くのではなく、それを濃縮させて極められたもの、選び抜かれたものだけを書いていきたい。

慣れるまでは、余白にいい文章、気になった文章を書き写すくらいの気持ちでメモをしていくだけでいい。これならハードルは高くない。

さらにそこからちょっと発展させて、これはこういうことではないか、という言い換えをしてみる。**著者が言っていることを、自分の言葉、自分のシチュエーションに置き換えてみる。**これだけでも、本についての記憶は大きく変わる。

さらに踏み込んで、自分がどう思っているのかについて、著者との対話形式で書いてみる。著者に疑問を投げかけてみたり、意見をしたり。

そこからさらに、著者との対話とは関係のないところで、著者の言っていることをきっかけに、自分の中でのエンジンが入って、言葉を書き残したくなったりする。そういうクリエイティブな発想が出てくるようになる。

読書によって新しい思考が手に入る

多くの人が気づいていない読書の大きな利点のひとつは、**文章を読むことによって自分の中で新しい思考が作られていく**ということである。

私自身、表現されたものから新しい思考を手に入れるという視点で、戦略的に読書をしているところがある。

言葉には大変なパワーがある。言葉で思考を作ることができるというのは、大変なことなのである。聖書で、神が言葉で万物を作ったというのは、まさにそれを意味している。

言葉というのは、世界と同じなのだ。その言葉が詰まっているのが、本であり、それと向き合うのが読書なのである。

読書は自分の思考を作ることを手助けしてくれるものだと考えると、読書が人生の中で違う意味を持ってくる。「思考は現実化する」、というナポレオン・ヒルの言葉の真意は、言葉が思考になって思考が現実化する、ということだ。

では、思考を磨くためにはどうすればいいのかというと、言葉を磨くしかない。一番いい言葉を使っている人たちに学ぶしかない。それができるのが、本なのである。

読書が思考を作り、思考が現実化されるなら、読書とはすなわち、自分の未来を創ることであり、自分の人生を自分が創り出すということなのである。

自分の人生を創り、自分の未来を創る。そのこと以上に人間の興味を惹くことはないのではないか。そのためにどうすればいいか、に人々は悩んでいるが、その力を手に入れるために一番手っ取り早いのが、読書なのである。

誰かの話を聞くのもいい。しかし、その人が読書によって刻み込んだ言葉は、最もパワフルである。思考力の高い人たちから紡《つむ》ぎ出された言葉を自分が吸収することによって、自分の精神を鍛錬することができるのだ。

読書をないがしろにしてはいけない理由は、そもそも言葉が思考を作るからである。言葉によって思考が行われるからである。その言葉が持っている重み、価値というものを理解すれば、読書は違う次元に行く。

自分の思考が人生を創っていくということに気づくことができれば、名著の価値に気づける。誰でも、飛びつくはずなのである。

そのことに、一部の読書家たちや成功者たちはすでに気づいている。言葉一つひとつがいかにパワフルなものかに気づいている。それが未来の思考につながることに気づいている。パワーが入った言葉を受け取ることで生きるエネルギーがもらえるし、リーダーとしてそうした言葉のパワーを自分も使いこなしたいと考えている。

成功者たちは、言葉に対する限りなく高い感度を持っているのである。そして、言葉に対する感度が高い人は、やはり思考の精度も高い。

言葉はひとつの世界であり、著者が考えてきたことの結晶である。読書をする前の段階で、言葉というものが人間の人生において、どれほどの価値を持っているのか、そのことを明確に認識した瞬間に、読書というものに対する姿勢はまったく変わってくる。

私は外国から日本に来たので、対人関係のない中で、言葉だけで導かれることになった。自分の人生においては言葉しか武器がなかった。それが、唯一の命綱だった。それで**自分を磨いていくことでしか、自分の未来を切り拓けないことが感覚的にわかっていた。**

一方で、言葉を手に入れるには、それほど初期投資がかからない。自分次第で、意欲があれば、いくらでも手に入れられる。自分の人生を救い、自分の未来を切り拓いていく上での最強の武器を、自分の努力次第で手に入れられるのである。

そして実際に私は、素敵な本をたくさん読むことによって言葉を手に入れ、それによって人生が大きく変わったことを実体験することになった。ゼロから日本語を学んだだけに、原因と結果がはっきりと見えたのである。だから、言葉に対する感度は、劇的に変わった。

日本語の美しさ、日本人の精神の素晴らしさを、意外に日本人はわかっていなかったりする。それは、外から来た人間だからこそ、見えたところがある。言葉というものを、もっともっと大事にしたほうがいい。

「自分が知らないこと」の扉を開けた先に、新しい扉がある

先にも触れたが、私が書店に行く理由は、偶然なる本との出会いがあるからである。自分が慣れているジャンルの本を買い、その領域にさらに精通していくことも大事だが、**知らないジャンルについて知ろうとすることも、とても重要だ。そのための新しい世界の入り口として、1冊の本があっていい。**そして、言葉によって導かれ、新しい世界の歩き方、地図や羅針盤を手に入れられると思うなら、今まであまり慣れ親しんでこなかったようなジャンルの本を定期的に買うことの価値に気づける。

例えば、毎週水曜日は、自分が買ったことのないジャンルの本を買ってみる。そして、新しい言葉に接することによって、新しい世界に導かれていく。

明確な目的意識を持って本を買うのもいいが、新しい世界を体験するという目的、より高次元の目的を持って、今すぐには役に立たないかもしれないけれど、**自分の人**

生を豊かにするための本を買うことは、これもまたある意味でリベラルアーツである。

そもそも本には、自分の世界を拡張するという側面と、自分に見えている世界を違う視点から見る側面、両方があると思う。拡張と深化である。新しい言葉を知る機会は、意外に少ないのである。

人間はコミュニティを作るとき、隠語を使う。そのコミュニティ独特の言葉を使うようになる。独自の言葉の使い方をする。これは、エリア社会や業界、会社などが典型例だ。

新しいジャンルや新しい世界、コミュニティに入っていくときには、そのジャンルや世界、コミュニティで使われている言葉を知ると、より入りやすくなる。

新しいジャンルやコミュニティに挑戦すると、自分が慣れ親しんでいない言葉にぶつかることになる。慣れ親しんでいない言葉の使い方がされる。だから、最初は違和感を持つ。

だが、こういうものだと自分の中で事前に熟知した上で付き合っていくと、知らない間にその世界が理解できるようになっていく。

だから、**新しいジャンルでの言葉遣いには違和感があるものだと前もって念頭に置いておく。そうすれば、それは不快なものではなく、むしろ快感にもつながっていく。**

まったく新しい資格試験に挑んでいくようなものである。

これは人生もそうであり、新しいジャンルや新しい世界への挑戦もそうだが、どちらかの扉が正解、ということはない。多くの人がそう考えがちだが、実は違う。

私の印象では、目の前に開けたい扉があって、ドアを開けてみると、そこに数十個の新しいドアがある、ということである。そういう印象なのである。

今、ドアを開けるのが正解か、不正解かと考えてしまいがちだが、なんでもいいからとりあえずドアを開けてみると、実は無数の扉がその中にはあるのである。

なぜ私が学者になったり、学び続けたり、海外に暮らしたりしたのか。「この先こうしたい」という明確な道すじがあったわけではなかった。行きたいから行ってみたら、行く前は知らなかった、いろんな可能性が見えてきたのである。

私には、可能性をすべて見た上で、選んでみたいという気持ちがある。本に関しても、この本を読んでどうなるか、ということだけではなく、一度飛び込んで読んでみる。それによって無数の扉をこの本が見せてくれると思っている。

その意味では、1冊の本は実は単なる1冊ではない。**1冊は、無数の本とつながるための入り口、ゲートキーパー的な存在なのである。**これは、人も同様である。直感にちょっと響いたときには、接してみる。そこから、思わぬ可能性、自分の未来につながるものが見つかる可能性が生まれてくる。

言葉は世界である。言葉から世界を想像できるかどうかが、とても大事である。言葉を言葉として見るのではなく、言葉をひとつの世界だと思って読むといい。お湯を注ぐと、ふわーっと広がる中国茶のようなイメージだ。

最終的に読書で鍛えられた人は、ひとつの文章を見たときに一気に言葉が広がっていく人である。それは、多くのジャンルを知っているから、そうなるのである。

中古書店やネットで、読み終わった本を売らない

新しい言葉と出会い、触発されて新しい思考が生まれる。そんな読書の魅力を活かすためにも、本を汚しながら読むことの意味がある。

「1回目」のスキーミング読みから、線を引いてもいいし、矢印を書いてもいいし、○印をつけてもいい。どんどん本を汚していくことだ。

「2回目」では、黄色いマーカーを手に、集中して本読みをしながら大事なところを

チェックしていく。大事なところに線を引こうと思うから、大事なところが見えてくる。そのためにもマーカーで汚していくことは大事である。

「3回目」では、黄色いマーカーを追いかけながら、さらに重要だと思うところに赤いマーカーを引いていく。これぞ、と思うところをチェックしていく。

そしてマーカーを引き終わってから、別のペンを使って、余白にメモをしていく。著者が書いていることを自分なりに言い換えてもいいし、これぞと思うフレーズを抜き書きしてもいい。

あるいは、**著者はこう言っているが自分はこう思う、ということを書き連ねてもいい。著者への質問を書いてもいいし、提言を書いてもいい。**

このとき、お気に入りのペンを使うといい。私自身、万年筆を使っていたこともあるし、書きやすいボールペンを使っていたこともある。そんなふうに本の中で著者と対話し、著者との共著を作るつもりで本に向かっていく。

そうすることで、世界に唯一無二の自分だけのメモが入った本ができあがる。これこそが、「共著」の意味だ。著者の言葉を受けて、新たに広がった自分の思考が描かれていく。大事なところに、マーカーも引かれている。

こうなれば、いつ取り出して読んでも、すぐにポイントがつかめるようになる。手を動かしているので、読書をしたときに記憶を遡ることができる。

日本人は本を汚すことに抵抗感を持っている人が少なくないとは先に書いたことだが、**著者は読者の役に立ちたくて本を書いている**のだ。最大限、著者のメッセージを活かしていく、ということこそ著者への最大の敬意というものだろう。深く理解が進み、自身の思考に広がりを持たせることができるのであれば、どんどん汚して読んだほうがいい。

となれば、図書館の本、というわけにはいかなくなる。私の「１００分で３回読む」読書法は、図書館の本を使うことはできない。図書館の本は、汚せないからである。同様に、電子書籍も難しい。電子書籍は余白にメモができないからである。

私は基本的にあまりやらないが、中古の本を買うことは問題ない。ちゃんと自分で文字を書き込める状態の本であれば、それでも構わない。

ただ、読み終わった後に、中古書店やネットで売ることはお勧めしない。汚してしまった本は売るのに適さない。また、中古書店やネットで売ることを前提に本を読もうとすると、どうしても本を汚せなくなる。

そうすると、家中、本だらけになってしまうではないか、と思う人も多いかもしれない。それなら、人にあげてしまえばいい。これはとてもいい本だった、もしかすると、あの人に読ませてあげたらいいのではないか、と思う人にプレゼントするのである。

中古書店やネットで売るわけではないので、お金は入ってこないかもしれない。しかし、プレゼントすることで、お金の価値以上のものが、やがて戻ってくる可能性もある。自分の書き込みを面白がって読んでくれたり、そこから何かにつながるかもしれない。

いずれにしても、**汚しながら読むことだ。後で売ろう、などと考えないためにも書き込みながら読むこと**である。

教えることで学びは完成する

本による学びを完成させる方法、それは、人に教えることである。教えることで学びは完成する。実際に、教えるかどうかに関係なく、教えるつもりで学びをすることは、大きな意味を持つ。

そもそも人に教えるには、学びは前提だ。自分が学ばなければ、教える材料が生まれない。自分で学び取ることが第一段階だとすると、そこから誰かに教えるためのわかりやすい表現に変えていくことが、次のステップになる。

表現を変えて教えていくので、学びというものが、より自分にとっての筋肉になる。骨や肉になっていくという感覚を得ることができる。

だからこそ、学んだら教えるステップに移行することだ。これは、誰かにシェアするだけでも構わない。それだけでも効果がある。アクティブラーニングもそうだが、きちんと学んだものを誰かに伝えるプロセスを入れるだけで、忘れなくなる。

自分で学んで自己完結して終わったものよりも、**一度誰かに向かってしゃべったことがあるもののほうが、記憶力が高まる。**教えるということは、自分の学びを、自分のものにするための行為として、大きな効果があるのである。

そして共有すると相手もそれを得ることができる。相手のためにもなるし、自分のためにもなる。

私自身、大学で教える仕事をしていたので、**教えたものは忘れないという実体験を**

している。また、本質を見抜く要約力も磨かれる。5分、10分でどれだけ的確にポイントを教えられるかが、常に問われるからである。そして、相手からの反応があったりすると、さらに思わぬ形で学びがある。

本来、学び、教えることは、私のような職業ではない人にもあっていいと思う。しかし、知識の共有は、今の日本ではあまり行われていない。コミュニケーションはあるが、自分が学び取った知識を、誰かと共有する文化は日本にはあまりない。

日本人は謙遜をするので、わざわざ自分の知識をひけらかすようなことはしないということも影響しているのかもしれない。人に何かを与えることにケチではないが、人と知識を共有しようとすることはあまりない。

しかし、**大事なことは、その行為が相手にどう響くか、である。相手のためになると思ったら、どんどん知識をシェアしたほうがいい**と私は思う。

新しい知識を教えられて嫌な思いをしたことは、誰にもないはずである。シェアされたものを学ぶか学ばないかは相手次第だが、**知識を共有することを習慣化して、ひとつの文化として作り上げていくと、自分のまわりが知識を共有するコミュニティになっていく**のではないかと思う。

だから、自分からスタートしてもいい。時間をかけて手に入れたものの中で、最も本質的なものを共有すれば、相手にもメリットは大きい。今は写真を撮ったりすることも簡単なので、写真で送るという方法もある。

「３回目」を読み終えたら、**紀行文を書く気持ちで、土産話《みやげ》を伝える気持ちで、自分が得た気づきや学びや経験や洞察を、他の人たちと共有する**のだ。行動し、言葉にすることで思考は完成する。

友人と会ったら、「この前、面白い本を読んだのだけど、３分だけ時間をもらっていい？」と尋ねてみる。迷惑にはならないはずだ。私の友人にもこういう人がいる。これをされたときに私は、感謝の気持ちが湧いた。

自分が得た学びをわざわざ共有してくれる人は、滅多にいないのだ。だからそれが本当にありがたいことであることは、体験してみるとわかる。

ＳＮＳやブログで発信してもいい。この１行が響いた、という形でもいいし、できたら、その１行に対する自分の思いを書き添えるとなおさら良い。アウトプットのために、読書コミュニティに参加するという方法もあるかもしれない。

かつてコミュニティサロンを展開していたときには、参加者１００人に自分が好きな本の中から最も自分が響いたページを写真に撮ってブログにアップしてもらう取り組みをした。100の響いたページは、さすがに読み応えがあった。こういうことができるグループがあれば、とても魅力的だと思う。

そして、いずれアウトプットしていこうという意識があれば、インプットの精度は高まる。

わかりやすい例をあげておこう。セミナーを行ったりするとき、セミナーが終わった後に、「何か質問は？」と聞いても、多くの場合なかなか質問は出てこない。

しかし、**セミナーが始まる前に、「みんな最後に必ず三つ質問をしてください」と言っておくと、最後に質問を求めたときに、必ず全員の手が上がる**のである。

これは、大学でも同じだった。受け身で聞いていると、最後に質問はもちろん、あなたはそれに対してどう思っているか、と聞いても答えられない。しかし、「受け身で聞いても役に立たない。講義が終わったときに質問三つと自分の感想は言えるようにしておきなさい」と講義が始まる前に言っておくと、全員が言える。

自分の中で**アウトプットの意識を持つと、聞く姿勢が変わる**。逆にいえば、アウトプットの意識を持たないと、インプットはアウトプットにはつながらない。だから読書を始める前が重要になるのだ。読書を始める前に、すでに勝負はついているのである。

学生の人生を変えた慶應時代の読書3点セット

慶應義塾大学で初めてゼミを持ったとき、気になる事実に気づいた。ゼミのブログを立ち上げ、順番にゼミ生が書評をアップする取り組みを始めた。書評の対象となる本のリストを私がアップし、その中の1冊を選んでもらった。

こんなふうに書評を書いてもらうと、読書の力がよくわかる。そもそも本を読む習慣があまりない学生が多いと感じた。それは、とてももったいないことだと思った。

また、書評を書いてもらったことで、本を読んでも、それをちゃんと自分のものにしている学生がとても少ないことがわかった。これももったいないことだと感じた。

何度も書くが、**私はすべてのパフォーマンスは才能ではなく、習慣が左右すると考えている。**毎日、自分の中で習慣にすると自然に結果は出る。やる気に依存しない、モチベーションに依存しないやり方でなければ、結果は絶対に出せないのだ。結果を出している人は、すべてベースに習慣があるのである。

だから、本を読む習慣をつけてほしいと思った。そしてせっかく習慣にするのであれば、そこから最大の価値を得て、結果を出してほしいと思った。そこで、パフォーマンスを高めるための読み方を指導することにした。

それが、読書するときの問いかけ3点セットである。**一つ目は、著者はどんな思いでこの本を書いたのか。二つ目は、その本の中で最もキーになる内容は何なのか。そして三つ目が、自分の人生にどう活かすか、もしくは研究者として持った疑問や課題は何か**である。

学生を見ていて感じたのは、読書をするときに、本に埋もれてしまっていることだった。本を読んでも、本を料理することができない。知識や情報は手に入るが、それを活かすことができない。だから、本が記憶されない。思考力も磨かれない。

そこで、自分がアウトプットすることを常に意識する癖をつけさせたのである。実際、この三つをゼミの書評ブログにも書いてもらい、プレゼンテーションもしてもらった。

読書のやり方を覚えれば、一生使える。しかし、知らないと一生、自己流でやってしまう。自己流も悪くないかもしれないが、私のやり方をシェアして、それがいいと思ったら、みんなにやってもらえばいいと伝えた。

当時はコンテンツビジネスが研究対象だったので、メディア産業、通信テクノロジー、広告やプロパガンダ、プライバシーや知的所有権などに関連する本が多かった。

学生にとっては、読み慣れていないと、なかなか読めないものだったと思う。しかし、読まなければいけなくなると、読めるようになるのだ。ちょっとした訓練をすればいい。

最初は、読書好きかどうかに関係なく、３点セットを与えてフォーマットでまとめ方を教えておくと、そのまとめのために読めるようになる。読めないのは、目的がないからだということにも気づける。

なんとなく本を読んでいると、いつまでに終わるかわからない、ということになるし、**読んだ後にそれをどう活かすかもわからない。それが、読書を阻害する要因だった**ということも、次第にわかってくる。

結果に対する魅力を感じなければ、人間はモチベーションが湧かない。アウトプットするために読む、ということになれば、人間はできる。

まずはゼミの書評ブログで毎月1冊、リレーで読んでいくということになると、自分が担当でなくても、仲間がどうブログを書くのか、興味を持って読むようになる。自分が同じ本を読むときも、フォーマットは同じなので、自分なりのまとめもできる。それを仲間と比較することもできる。

3点セットというアウトプットを事前に決めておいたことで、インプットが早くできるようにもなった。私は「3回読み」の手法も教えた。

書評が軌道に乗り始めると、ゼミ生は変わった。本を戦略的に読めるようになった、という声をよく聞いた。卒業した後も読書が習慣になり、社会人になった後も大量の文書に困らなくなったと言ってくれた。

私が感じたのは、表現力が高くなったことだ。私のゼミでは、私は講義をしない形式を取っていた。私は学生の席に座る。ゼミ代表が進め、私は簡単な質問などでファシリテーションしていたが、学生は読書によって思考力も得て、どんどん自分の意見を表現できるようになっていった。

表現力の乏しさは、日本の大学生の一番の弱点だと私は感じていた。小学校から猛烈に勉強をしてきているが、自分の意見が言えない。日本では通用するかもしれないが、世界では通用しない。

私がよく言っていたのは、「君たちは頭でっかち過ぎる」「知っていることが多過ぎる」だった。料理する力がなさ過ぎるのである。冷蔵庫は食材で溢れているけれど、料理がまったくできていなかった。

料理は、いきなりうまくはできない。ちょっと手を切ったり、やけどをしたりしながらうまくなっていく。その意味で、キムゼミは料理をし、アウトプットをする場だった。インプットの場にするべきではないと思った。

自分の意見を話す発表の機会が頻繁に与えられた。質問をしても、私は答えない。質問したら、仲間が答える。こうすることで、学び合える。まさに慶應の理念、半学半教を私は実践していた。

結果、どうなったかというと、例えば**就職にゼミ生はめっぽう強くなった**。ちゃんとしゃべれる。かといって、聞く耳もある。相手に対する配慮もでき、ディスカッションもでき、表現もできる。行動力もある。本を読んで、いろんな世界を知っている。

就職活動に強みを発揮したのは、当然だと思った。どこの業界でも必要とされる人材になれたと思う。今も、さまざまな業界で教え子たちが活躍している。

楽しむために読書はしない

私は、楽しむために読書をすることはない。だから、小説は基本的に読まない。とりわけ新刊は読まない。文芸書は古いものを中心に文庫本を読むことはあるが、飛ばし読みできないものは、できるだけ読まない。

文芸書は時間がかかる。私は速読の技術は持っていない。だからあまり読まない。文芸的な情景が浮かぶような文章をうまく書いてみたいという気持ちはあるが、そのためには努力が必要だと思っている。

どちらかというと構造的に物事を考えてしまうため、文芸書や脚本に興味はあるが、自分の足りなさを自覚している。

今、私が本を読むのは、何よりエネルギーをもらうため、と言ってもいいかもしれない。それによって、感情を整えられたりする。忙しいとき、森の生活についての本を読めば、心が落ち着く。こんな人生もあるのだとわかる。いろんな力を借りることができる。

精神のサプリメントは本棚にたくさんあると思ったら、自分でそれを摂取することで、精神的な意味での健康を確保できると思う。

また、かつて「3回読み」をした本であれば、残された線やメモによって、当時の自分の心境や状況も理解できる。一度、自分が見極めたものがあれば、もう迷わなくて済むようになる。より早く目的地に到達できるようになる。

本を読むとは、自分の人生の地図を作るということでもあるのだ。だから1冊の本の中で、線を引いたり、メモしたり、書き込んだりすることの意味が出てくる。それは羅針盤になるからである。

そのチャンスを逃してはいけない。実は同じ本も、1カ月経って読み直すと、まったく新しい本になっていることもあるのだ。自分の痕跡をつけた本というのは、読めば読むほど、自分の中で深みが出てくるのである。

「100分で3回」読書の10の戦略

最後に、私の読書論について、そのステップをまとめておきたいと思う。ここまでに書き切れなかったことも書いている。少しでも参考になれば幸いである。

①選書の技術（良い本を選ぶ）

判断基準は、「今の自分に必要かどうか」

今の自分のニーズを三つ書き出してみる

タイトル、帯などを見る。著者はそれを提供してくれる実績とバックグラウンドを持っている人なのかを確認する

②最初に全体構造をざっと読む

目次を入念にチェックする

章立てと全体をチェックする

全体を趣旨や構造をつかめるように読む

構造を把握すれば、どこに重要なアドバイスがあるかわかる

興味のないものは飛ばす

いつか役に立ちそうでも今必要ないものは基本飛ばす

③その本にどれくらいの時間を与えるかを決める

読む前に読み終える時間を決める

締め切りがあると結局、割り切れる・諦める

④読む目的と戦略を設定する

なぜこの本を読むかのＷＨＹを明確にする

戦略なき読書は迷路にハマる。計画なき登山に似ている

⑤主体的に読む（受け身にならない）

著者の導きは参考にするくらいがいい

自分の野性的な直感を信じる

自分の目的と合致した読み方をすべき

⑥キーポイントをうまく捉える

目次、図、グラフ、チャート、イントロ、エピローグ、ハイライトされた部分を捉える
章の始めと章の最後、ハイライトされている部分は重点的に読む

⑦本の文脈を理解する
著者のバックグラウンドを知る
テーマの文脈を知る
著者が一番伝えたい趣旨を把握する

⑧著者との共著を書くように線を引く、メモを書き込む
線を引く
本は自分の言葉を書き込むためにある
自分の言葉で本に書かれたものよりも深い言葉を書き込む

⑨アウトプットの仕方

雑誌に投稿するつもりで書評を書く
重要ポイントを必ず３点にまとめる
出会う人に読書から得た知識をシェアする

⑩誰かに教える

学びは自分の言葉で書くことで深まる
誰かに教えることで完成する
相手にわかりやすく伝えるために言葉を組み立てる
理解に加え、伝える工夫をするので、理解はさらに深まる

おわりに

恋愛論の名著にはどんなものがあるか、と問われることがある。スタンダールの『**恋愛論**』もいいが、やはり名著といえば、フロムの『**愛するということ**』だろう。

フロムはここで、こう言っている。

「愛することは技術である」

誰もが愛されることを望んでいるが、自分から愛せていないのだ。愛することに慣れていない。どう愛すればよいか、その愛する方法がわかっていない。

要するに、技術が足りない、というのである。技術を学んでいないから、愛がわからないのだ、と。私は**読書も同じだと考えている。読書にも技術がいるのだ。**ところが、愛も読書も、技術ではないと思っているから学ばない。学ばないからうまくできない。しかし、学ぶとできるのである。

愛することが技術だとわかったとき、自分にもできることがわかる。同じように読書も、技術が必要だとわかったとき、できるようになる。

だから、ノウハウ本は大事である。ハウをノウするのだ。この本もそうである。だから、読書になじみがない人、あまり経験がない人も、技術を学べばちゃんと読書から自分の人生を豊かにする何かを見つけられるようになると思う。

私は20代の頃、生活費の半分は本に消えていくような生活を送っていた。そのような生活を送るきっかけになった、ある本の中のこんなエピソードを今も覚えている。

有名な作家のところに、10代の青年がやってきて、尋ねた。

「私もあなたのような偉大な作家になりたい。私は何をすればいいでしょうか」

作家はこう言った。

「今、あなたがアルバイトで稼げるすべてのお金で万年筆を買いなさい」

未来の夢に対して、本当に愛と情熱を持っているのであれば、今すぐそこにコミットすべきだ、ということである。それは、**未来に対する自分の中での決意の表明でもあるのだ**、と。私はこれを読んで思った。お金を稼げるようになってから、本を買うことは誰でもできることである。しかし、お金が稼げていないうちに本を買うというのは、本に対する自分の愛の表明だと考えたのだ。それこそが、未来になにがしかをもたらしてくれるはずだ、と。

目に見えるものであったり、おいしいものではなく、自分の心に残るものとして私は本を買った。その行為そのものが、自分の未来に対する投資なのだと思った。決して豊かに暮らせていたわけではなかったけれど、それが未来の自分を勝たせることなのだという確信があった。

実際、本は未来に通じていた。そして今も、本は未来に通じている。

最後になったが、本書の制作にあたっては、PHP研究所の中村悠志さん、出版コンダクターのOCHI企画・越智秀樹さんのお世話になった。また、構成にはブックライターの上阪徹さんの力をお借りした。この場を借りて、御礼申し上げたい。

本書が、少しでも多くの方の人生に役に立てることができれば幸いである。

２０２０年６月　ジョン・キム

〈著者略歴〉

ジョン・キム
作家。韓国生まれ。日本に国費留学。米インディアナ大学マス・コミュニケーション博士課程単位取得退学（ABD）。博士（総合政策学）。

ドイツ連邦防衛大学技術標準化部門博士研究員、欧州連合（EU）技術標準化プロジェクトEU Asia-Linkプロジェクト専門委員、英オックスフォード大学知的財産研究所客員上席研究員、米ハーバード大学インターネット社会研究所客員研究員、2004年から2009年まで慶應義塾大学デジタルメディア・コンテンツ統合研究機構特任准教授＆プログラムマネージャー、2009年から2013年まで同大学大学院政策・メディア研究科特任准教授。2013年からは、パリ・バルセロナ・フィレンツェ・ウィーン・東京を拠点に、執筆活動中心の生活を送っている。

主な著書に『媚びない人生』（PHP文庫）、『真夜中の幸福論』（ディスカヴァー・トゥエンティワン）、『時間に支配されない人生』（幻冬舎）、『断言しよう、人生は変えられるのだ。』『生きているうちに。』（以上、サンマーク出版）、『ジョンとばななの幸せってなんですか』（光文社／吉本ばなな氏との共著）がある。

一生忘れない読書
100分で3回読んで、血肉にする超読書法

2020年7月30日　第1版第1刷発行

著　者　ジョン・キム
発行者　後藤淳一
発行所　株式会社PHP研究所
東京本部　〒135-8137　江東区豊洲5-6-52
第四制作部　☎03-3520-9614（編集）
普及部　☎03-3520-9630（販売）
京都本部　〒601-8411　京都市南区西九条北ノ内町11
PHP INTERFACE　https://www.php.co.jp/

組　版　有限会社エヴリ・シンク
印刷所　大日本印刷株式会社
製本所　東京美術紙工協業組合

ISBN978-4-569-84693-4